Thiesen · Klassische Kinderspiele

W0233002

Peter Thiesen

Klassische Kinderspiele

Neu entdeckt für Kindergarten und Schule

Der Autor
Peter Thiesen ist Diplom-Sozialpädagoge und Oberstudienrat an der Fachschule für Sozialpädagogik in Lübeck und Autor und Herausgeber von Standardwerken zur Spiel- und Sozialpädagogik.

© 2010 Beltz Verlag Weinheim und Basel
http://www.beltz.de
Lektorat: Horst Haus, Bielefeld
Herstellung: Uta Euler
Druck: Beltz Druckpartner, Hemsbach
Umschlaggestaltung: glas ag, Seeheim-Jugenheim:
Umschlagfoto: Agentur Kunterbunt, Heidi Velten, Leutkirch-Ausnang
Zeichnungen: Jiska de Wolf, Bremen
Notenbearbeitung: Anna Thiesen, Lübeck
Printed in Germany

ISBN 978-3-407-62751-3

Inhaltsverzeichnis

»Es gibt kein eklatanteres Symptom für das Verschmelzen der Wertvorstellungen und Stile von Erwachsenen und Kindern als das Schicksal, das den Kinderspielen widerfährt: sie schwinden mehr und mehr …
Mit einem Wort, Kinderspiele sind vom Aussterben bedroht.«

Neil Postman

Vorwort

»Klassische« Kinderspiele sind aufgrund ihrer kindlichen Ursprünglichkeit über die Zeiten gültig. Sie haben sich meist als ausgereifte Spiele im Lauf der Jahrhunderte vorbildlich bewährt.

Wenn es so etwas gibt, wie eine »Modernität des Alten«, dann sind überlieferte Kinderspiele ein besonders erhaltenswertes Volks- und Kulturgut, das einmal neu entdeckt, quicklebendig und auch 2010 von zeitloser Aktualität ist.

Eine Fülle von Spielen, die in den fünfziger Jahren noch jedes Kind kannte, ist heute verschollen oder in Vergessenheit geraten.

Anlass, diesen Band mit klassischen Kinderspielen herauszubringen, ist die Tatsache, dass jüngere Eltern und Pädagog/innen nur noch relativ wenige alte Spiele aus eigener Erfahrung kennen. Nachdenklich stimmte mich auch das vorangestellte Zitat Neil Postmans und schließlich ein altes Kinderbild, das bei mir zu Hause hängt. Es zeigt meinen Vater im Jahre 1908 als knapp Einjährigen mit seinen damals vier- und fünfjährigen Schwestern. Da stehen und sitzen sie, brav drapiert in ihren zeittypischen Matrosenkleidchen mit Federballschläger, Ball und Stofftier auf Rädern in den Händen. Die Kinder von damals leben nicht mehr, wohl aber das Spielzeug und die Spiele, die zu ihrer Zeit und lange zuvor von vielen Kindergenerationen gespielt wurden.

Hat es auch ein »goldenes Zeitalter der Kindheit« nicht gegeben, so blicken wir aus der Distanz des Erwachsenen dennoch mit etwas Wehmut auf das Spiel der eigenen Kindertage zurück, selbst wenn wir nicht zur Sentimentalität oder Nostalgie neigen sollten.

Das Buch lädt ein, vertraute Spiele wiederzufinden und alte, unbekannte neu zu entdecken. Es enthält eine sorgfältig zusammengestellte Sammlung von über 500 klassischen Kinderspielen, Reimen, Rätseln und Spielideen. Verklungenes Kinderspiel und versunkene Kinderpoesie werden wieder lebendig. Vor allem jedoch möchte das Buch Eltern und Pädagog/innen in Kindergarten, Hort und Grundschule ermuntern, alte Kinderspiele zu bewahren und an Kinder weiterzugeben.

Von alten Kinderspielen geht immer auch eine unmittelbare Sinnlichkeit aus. Das Kind kann hier seine Grundbedürfnisse ausdrücken, seinen Drang nach Bewegung und Aktivität befriedigen, seine Neugierde, sein Bedürfnis nach schöpferischer Gestaltung und seinen Wunsch nach Gemeinschaft und Geborgenheit am besten ausleben.

Wir leben in einer Zeit, in der für viele Stadtkinder Kaufhausbesuche das scheinbar letzte Abenteuer darstellen. Bereits Fünfjährige sitzen stundenlang vereinsamt vor Computerspielen, gehen mit konsumerzeugenden Spielzeugen um. Die Fernsehabhängigkeit macht Kinder wie Erwachsene zu »Videoten« mit verkümmerten Seelen.

Als heutige Erwachsenengeneration sollten wir die vitale Kraft des echten Kinderspiels achten und schützen, damit das von Postman befürchtete »Verschwinden der Kindheit« nicht eines Tages zu »Eltern ohne Kindheit« führt.

Peter Thiesen

1. Im Spiel die Welt vergessen

Zu allen Zeiten waren Kinder unglaublich schöpferisch. Ihre Fantasie erschuf schon vor Jahrtausenden zeitlose Gebilde, sei es durch den Griff zum Naturobjekt selbst oder durch Weitergestaltung und Variation von Naturobjekten.

Spiel und Kreativität werden aus der gleichen Quelle gespeist, nämlich aus unserer produktiven Kraft, aus unserer Lust an Bewegung und Tätigkeit, am Suchen und Finden, am Probieren und Verändern und an der gestaltenden Darstellung unserer Einfälle und Pläne. Die Kraft kindlicher Vorstellungen, spontaner Einfälle und Träume, die das Spiel durchdringt und die konzentrierte Hingabe an Spielobjekt und Spielbewegung, nicht zuletzt das Ergriffensein von der Spielhandlung, führt immer wieder zu Fragestellungen, die dem nüchternen Verstand verschlossen sind.

Viele alte Kinderspiele gehen auf alte Kultriten und Zeremonien zurück, waren ursprünglich nichts anderes als dramatisch dargestellte Szenen alter Göttersagen, die sich allmählich zu verweltlichten Spielformen entwickelten, wie z.B. »Prinzessin erlösen« oder die »Goldene Brücke«.

Wenn auch das Spiel des Kindes seit langem Forschungsgegenstand der Pädagogik ist, so bleibt es das Geheimnis des kindlichen Spiels, halb Traum und halb Kunst, dass es die Dinge verwandeln und tote Gegenstände verlebendigen kann. Kinder bevorzugen seit jeher das Sparsame, deshalb sind auch die meisten echten Kinderspiele relativ knapp im Aufbau und trotz der fast raffinierten Einfachheit von großem Erlebniswert.

Das Spiel stellt unbestritten einen überaus wichtigen kulturellen Faktor und eine unübersehbare gesellschaftliche Kraft dar. Jeder, der auf seine Sinne achtet, der Freude am produktiven Schaffen hat, der mit seinen Gedanken spielt, gleich ob Kind, Schriftsteller, Künstler, Wissenschaftler oder Arbeiter, kann vom Spiel ergriffen werden.

Schon lange hat das Spiel in unserer Gesellschaft eine weit über das Pädagogische hinausgehende Bedeutung bekommen. Es reicht von der Kindererziehung und dem Schulunterricht, der Heilpädagogik, verschiedensten Therapien und der Altenarbeit bis zum Computereinsatz. Auch Technik, Wirtschaft, Politik und Militär bedienen sich der Strategie des Spiels.

Der Wunsch, außer sich zu sein und sich von der Erde zu lösen, ist eine immer schon im Menschen wohnende Sehnsucht gewesen. Für Johann Wolfgang von Goethe gehörte das Spiel zu den »Urphänomenen«, es sei etwas, das »unmittelbar an der Idee steht und nichts Irdisches über sich erkennt«. Während Erwachsene sich diesen Wunsch nur mit Rauschmitteln erfüllen, ist das Spiel für Kinder ein solches Rauschmittel, das vom Nervenkitzel, über Spannung und Lösung, bis zur Ekstase gehen kann. Spielende Kinder vergessen die Welt um sich herum. Wenn sie aus ihrer lustvoll erlebten

Spielwelt herausgerissen werden, dann meist durch uns, die Erwachsenen, die diese Trunkenheit aus Lachen, Toben, Purzeln, Schreien, Kichern, Lust erleben, manchmal abrupt beenden und die Kinder in das Hier und Jetzt der Lebenswirklichkeit zurückholen.

Das Leben ist im positiven Sinne wirklich ein Spiel – mal einfach, mal kompliziert, zufällig, dann wieder geplant, mal anstrengend, dann wieder erholsam, meistens jedoch mit positiven Eindrücken verbunden.

Kinderspiel war und ist nie sinnlos gewesen. Diese häufig bis in unsere Tage hinein vertretene Auffassung zeugt von einer pessimistischen Lebensauffassung und einer Geringschätzung des Kinderspiels. Dabei ist es Freude und gelebtes Glücklichsein. Kinderspiele bedürfen deshalb der Pflege und Erhaltung durch den Erwachsenen. Sie fordern von ihm Verständnis, Schutz und Rücksicht. Für die Ausbildung kindlichen Lebensglücks ist es ungeheuer wichtig, seine Spiele ausleben zu können. Spielentzug und vorrangig fremdbestimmtes Spiel treiben Kinder schon früh in eine Konsumentenrolle, die den Weg für das Wesentliche trübt und Langeweile erzeugt. Über Jahrhunderte lebte die Kinderspielwelt aus eigener Kraft. Es liegt an uns Erwachsenen, diese vitale Kraft zu achten und zu hüten.

Das nächste Kapitel lädt Sie ein zu einer kleinen Zeitreise durch das Kinderspiel vergangener Tage.

2. Reise durch das Spiel vergangener Zeiten

2.1 »Gesetzliche Spiele« und Reifentreiben in Pompeji

Schon Plato (427–347 v. Chr.) und Aristoteles (384–322 v. Chr.) verstanden das Spiel als unersetzlich für die Weckung des Gleichgewichts der persönlichen Kräfte im Kind. Zweckfreies Spiel war allerdings bei den Griechen als »kindische, nutzlose Tändelei« verpönt. Plato sah das Spiel als Erziehungsmittel zum Gehorsam und zur Achtung vor dem Gesetz. »*Vom dritten bis zum sechsten Jahre*«, so der Philosoph vor 2400 Jahren in Athen, »*erlaube man den Kindern Spiele, welche für dieses Alter natürlich und von ihnen selbst wohl erfunden werden; vermeide aber alle Verhätschelung und beschimpfende Strafen …*«. Plato bezeichnete das Spiel als »*unschuldiges*« Erziehungsmittel. Er forderte: »*Die Spiele müssen gesetzlich sein, weil es sonst unmöglich ist, dass gesetzliche und ernste Männer aus den Kindern werden.*« Wenn auch Mädchen als Kinder für Plato scheinbar nicht existent waren, so enthalten auch heute noch die uns überlieferten Kinderspiele Regeln und Gesetze, die von allen einzuhalten sind. Störer, Spielverderber, bockige Kinder, die sich nicht an die Regeln halten, werden von den anderen Kindern vom Spiel ausgeschlossen.

Aristoteles erlaubte nur Spiele, die einen erkennbaren Nutzen auf das spätere Leben aufwiesen. In seinem Buch vom Staat heißt es: »*Die Spiele … müssen so beschaffen sein, dass sie zu den Handlungen überleiten können, die sie [die Kinder, d. V.] zu vollbringen haben. Die meisten Spiele und Belustigungen müssen in der Nachahmung von ernsthaften Dingen bestehen, die später eintreten.*« Plato und Sokrates (470–399 v. Chr.) erkannten das Bewegungsspiel an, ließen jedoch nur bestimmte feste Regelspiele gelten. Sokrates selbst schien sich an diese Gängelung nicht zu halten, zumal Zeitgenossen erzählten, dass er »*zur Erfrischung des Geistes auf einem Stecken herumritt*«, was ihm freilich als kindisch verübelt wurde. Die Römer standen dem kindlichen Spiel toleranter gegenüber. Auch mischte sich der Staat nicht in die Erziehung der Kinder ein. Von Cicero (106–43 v. Chr.) ist bekannt, dass er gesagt haben soll: »*Die Natur selbst versieht die Jugend reichlich mit Vergnügen, denn wenn dieses in Freude ausbricht, ohne dem Leben eines anderen zu nahe zu treten oder jemandes Haus zu zerstören, so pflegen wir es leicht und verzeihlich zu finden.*« Der römische Philosoph Seneca (um 55 v.–39 n. Chr.) propagierte in seinem Buch von der Gemütsruhe: »*Dem Geiste gebührt Nachsicht und öftere Muße zur Nahrung und Stärkung; streif im Freien umher, dass er unter offenem Himmel durch freies Atmen sich stärke und erhebe.*« Eine Aussage von zeitloser Gültigkeit und ein Argument für das Bewegungsspiel im Freien. Aus der Literatur, der Kunst und durch archäologische Funde wissen wir, dass im Römischen Reich Lauf- und Ballspiele, Steckenpferdreiten, Reifentreiben und Spiele mit Kreiseln, Bällen und Puppen bereits die Kinder erfreuten. Ausgrabungen in Pompeji (79 n. Chr. durch Erdbeben und Vesuvausbruch zerstört) belegen, dass die Kinder ähnliche Spiele und Spielzeuge wie heute kannten. Sie besaßen z. B. weiche Bälle, die mit Rosshaar, Wolle und Federn gefüllt waren, Puppen und Miniaturgefäße aus Ton, Würfel- und Brettspiele. Für die Kleinsten gab es Klappern, größere Kinder spielten mit lebenden oder hölzernen Tieren, bastelten Knallpeitschen, Rohrflöten und amüsierten sich bei Bewegungs- und Gesellschaftsspielen. Darstellungen auf Friesen, Wandgemälden und Reliefgefäßen zeigen die Kinder bei Spielen wie Huckepack, Verstecken, Laufrädchen und Reifentreiben.

2.2   Kinderspiel – eine Erfindung des Teufels?

Im Mittelalter durfte nur das Kleinkind ungestört spielen. Mit dem 4. Lebensjahr begannen für das Kind schon Arbeiten und Pflichten. Spielzeug war nur für die Allerkleinsten vorhanden. Man liebte das Spiel im Sandhaufen, ebenso den Umgang mit feuchtem Lehm und Ton. Die Bauernkinder begnügten sich mit Holzstücken, Steinchen und allerlei Abfällen. In der spärlichen Freizeit war für die größeren Kinder das Spiel mit dem Kreisel eine beliebte Belustigung. Er wurde mithilfe einer kleinen Peitsche auf ebenen Plätzen getrieben. Die Dichter des Mittelalters nannten den gedrehten Holzkreisel »Topf«. Für die damalige Zeit wohlwollend klingen die Worte Wolfram von Eschenbachs (1170–1220), wenn er schreibt: *»Hier ist die Geißel, dort der Topf, gönnts dem Kinde, ihn umzutreiben.«*

Die meisten Spiele wurden im Mittelalter von Erwachsenen wie Kindern gleichermaßen gespielt, oft auch noch gemeinsam. Auch auf dem Gemälde »Kinderspiele« von Pieter Brueghel d. Ä. von 1560 ist nicht zu erkennen, ob der Maler Erwachsene oder Kinder – oder beide zusammen – abgebildet hat. Etwa seit der Renaissance entfernten sich die Spielplätze der Erwachsenen und Kinder voneinander und den Kindern wurde zunehmend eine eigene Welt zugestanden. Im 14. und bis in das 16. Jahrhundert hinein galt die weitverbreitete Auffassung, dass das Spiel eine Erfindung des Teufels sei. Am heftigsten prangerte der Straßburger Stadtschreiber, Dichter und Jurist Sebastian Brant (1458–1521) das Spiel als unzüchtig und unehrenhaft an. So wetterte er: *»Spiel mag gar selten sin on Sünd, ein Spieler ist nicht Gottes Fründ, die Spieler sind des Tüfels Kind.«* Im »Narrenschiff« schrieb der Moralist Brant 1496 schließlich: *»Veracht das Spiel zu aller Zeit, dass dich nicht trübe Gier und Neid …«*.

Martin Luther wandte sich gegen die Sittenstrenge, mit der man sich zu seiner Zeit auf das Kinderspiel stürzte. Er setzte sich für den Erhalt der Spielfreude ein, als er sagte: *»Und lasse sich niemand zu klug dünken und verachten Kinderspiel«*. In einem Sendschreiben (1524) an die »Bürgermeister und Ratsherren aller Städte« forderte er das Recht der Jungen, *»Käulchen zu schießen, zu rammeln und Ball zu spielen«*.

»Jouer c'est jouir – Spielen heißt sich freuen.«

Jean Château

2.3   Von Lustbarkeiten, Kommandierspielen, Idyllenfreuden und progressiven Ideen

Im 16. Jahrhundert hatten Spiele in der ländlichen Bevölkerung ihre Wurzeln immer in jahreszeitlichen und religiösen Gebräuchen. Sie waren an eine Vielzahl von Fest-, Feier- und Heiligentagen gebunden. In den Städten war die Zahl der Feiertage eher noch höher. Dabei ist es scheinbar recht ausgelassen hergegangen mit Dudelsack, Schellen und Pfeifen. Brett-, Würfel- und Kartenspiele waren bei Jung und Alt gleichermaßen beliebt. Überhaupt spielten, tanzten und feierten Erwachsene und Kinder gemeinsam. Das Spiel war wesentlicher Bestandteil frühneuzeitlichen Lebens, dabei weder nach pädagogischen Überlegungen organisiert noch Teil eines Freizeitverhaltens.

Mit der Festigung der absolutistischen Staatsmacht wurde die Spielkultur wieder einmal Gegenstand zahlreicher Erlasse, deren Ziel die Einschränkung der ausgelassenen Spiellust war. Mächtigster Kritiker der Spiele und »Lustbarkeiten« war die Kirche. Die Vergnügungen des Volkes schienen aus der Sicht der Herrschenden der Ruhe und Ordnung abträglich, zudem standen Spiele im deutlichen Gegensatz zum Ideal des reibungslosen Arbeitsablaufs. Eine Auffassung, die sich leider bis in unsere Tage hinein gehalten hat.

Im 17. Jahrhundert unterschied man zwischen Spielen für Erwachsene und Adlige sowie Spielen für Kinder und Personen, die sich nicht gesittet zu betragen wussten. Wenig Erziehung zeigte demnach, wer z. B. ausgelassen Ball- und Bewegungsspiele trieb.

Geradezu unglaublich progressiv wirken dagegen die Aussagen des böhmisch-mährischen Pädagogen und Predigers Johann Comenius (1592–1670), der 1633 das »Informatorium der Mutterschul« schrieb. Die Belehrungsschrift sollte Müttern der breiten Bevölkerungsschicht bei der Kleinkindererziehung helfen. Comenius empfahl, »*dass die Kinder täglich auf der Gassen oder sonst zusammenkommen und miteinander spielen*«. Als empfehlenswertes Spielzeug bzw. »*Klipperwerk*«, wie es Comenius bezeichnet, nennt er »*bleyerne Messer, die stumpf sind, hölzerne Wehren, alte unnötige Bücher, hölzerne Pauken, Pfeifen, Pferde, Schlitten, Mühlen und Häuslein*«.

Der dem Pietismus verschriebene August Hermann Franke verurteilte gegen Ende des 17. Jahrhunderts das Spiel als lasterhafte Verstrickung ins weltliche Dasein, das deshalb gänzlich von der Erziehung abzulehnen sei. Der schlauere englische Philosoph John Locke (1632–1704) dagegen erkannte ein kindertümelndes Element im Spiel und setzte sich besonders für das spielerische Lernen ein. »*Kein Spiel ohne Zweck*«, forderten die Philanthropen, wenn die »*Erziehung vollkommen seyn soll*«. Die Philanthropen begriffen das Leben bereits als lineare Abfolge von Entwicklungsphasen: Kindheit, Jugend und Adoleszenz.

Die zumeist intoleranten Denker des aufsteigenden Bürgertums, vorwiegend die Moralisten und Pädagogen, nahmen das »wildwüchsige Spiel« des Kindes unter Kontrolle und trennten »pädagogisch wertvolles« von Sitte und Ordnung bedrohendem Kinderspiel. An Härte und Intoleranz kaum zu übertreffende Verordnung gegen alles Kinderspiel auf den Straßen erließ 1749 der »Ober-Amts-Consistorialkonvent« in

Abb. 1: Der Text spricht für sich!

Wiesbaden. Er verbot den Eltern bei strenger Strafe, ihre Kinder draußen spielen zu lassen. Kinder, die dennoch auf den Straßen spielten, wurden durch besondere »ex officio hierzu bestellte Leute« nach Hause getrieben und gepeitscht. Nur allmählich änderte sich die Einstellung zum Spiel, und mit Jean Paul und Friedrich Fröbel kamen erste systematische Theorien auf, die auch dem freien, spontanen Kinderspiel die entsprechende Bedeutung und einen entsprechenden Bildungswert zuerkannten. Die Pädagogen des 18. Jahrhunderts schärften nicht nur den Blick für eigentümliche Verhaltensweisen des Kindes. Durch genaue Beobachtungen des Spiels kamen die Erzieher auch zu neuen Methoden der Beeinflussung, die in vielen Fällen als Unterdrückungsmechanismen eingesetzt wurden. Während das spielende Kind entdeckt wurde, verschulten die Erwachsenen es auch umgehend.

Neben »*Drill- und Zeigefingerspielen*« wie dem »*Spiel des Arbeiters*«, dem »*Botenspiel*« oder dem »*Spiel der Mäßigung*«, die alle herzlich wenig mit kindlichen Bedürfnissen zu tun hatten, empfahl der Pädagoge und Schulgründer Johann Bernhard Basedow (1723–1790) besonders das »*Kommandierspiel*«. Es lehrte die Kinder, sich gegenseitig zu befehlen. »*Einer sagt allen, was sie tun sollen. Sie tun's alle. Bald kommandiert dieser, bald jener*«, erfahren wir bei Basedow. Das exakte Ausführen der Befehle mobilisierte nach seiner Vorstellung die Fähigkeit des Körpers zu maschinellem Einsatz und erhob den Gehorsam zur ersten Bürgerpflicht. Belohnt wurde, wer »*das Gesagte am geschwindesten und besten tut*«. Dafür gab's dann »*eine Rosine oder etwas anders*« und der Schnellste wurde selbst »*Befehlshaber*«: »*Achtung, ihr Mädchen! Macht die Gebärden, die ich euch sage: Spinnet, häbet, klöppelt! Schälet Rüben! Traget Wasser!*« Basedows Empfehlungen gipfelten in der Auffassung, dass Kinder jeden Tag eine »*Ceremonie*« zu machen hätten, »*welche ihre ganze Abhängigkeit von den Eltern oder Aufsehern anzeigt …*«. Basedow unterschied zwischen »schädlichen« und »nützlichen« Spielen. Als besonders fragwürdig und verwerflich galten Spiele, bei denen der Körper mit im Spiel war; wenn z. B. Kinder einen Schlüssel oder einen beliebigen Gegenstand an sich versteckten und ein anderer diesen erfühlen musste, so wurde für diese »tückische Spielerei« ständige Anwesenheit durch Eltern und Erzieher angeraten. Denn »*allzu schnell sind die Hände dort, wo sie niemals hingelangen sollen und aus harmloser Spielerei entwickelt sich die denkbar gefährlichste Beschäftigung*«.

Diese Auffassungen von Pädagogen wie Basedow, Campe, Salzmann, Trapp, die sich Philanthropen – also Menschenfreunde nannten – muten heute eher paradox an.

Schauen wir uns Autobiografien des 18. und 19. Jahrhunderts bis zu denen unserer Tage an, so spielten sich Kinder, als unmündige abgeschirmt, in die Welt der Älteren hinein, die von einer scheinbar normativen Ordnung beherrscht wird.

Der aus einer Pfarrersfamilie stammende Jean Paul (1763–1825) berichtet von wohlwollendem Gewährenlassen der Kinder, von »Idyllenfreuden«, während der in armen Verhältnissen aufgewachsene Ulrich Bräker über seine Kindheit um 1740/1750 schreibt: »*Wenn mich der Vater nur mit langanhaltender oder strenger Arbeit verschonte oder ich eine Weile davonlaufen konnte, so war mir alles recht. Im Sommer sprang ich in der Wiese und an den Bächen herum, ... kletterte auf die Bäume und suchte Nester ... War ich dann müd', so setzt' ich mich an die Sonne und schnitzte zuerst Hagstecken, dann Vögel und zuletzt gar Kühe, denen gab ich Namen, zäunt' ihnen eine Weid' ein, baut' ihnen Ställe und fütterte sie ... Ein andermal richtete ich Öfen und Feuerherd auf und kochte aus Sand und Lehm einen schönen Brei. Das trieb ich dann alles so, wie's die Jahreszeit mitbrachte, bis mir der Vater durch die Finger pfiff oder ich sonst merkte, dass es Zeit über Zeit war.*«

Abb. 2: »Zur zweckmäßigen Beschäftigung des Verstandes und zur angenehmen Unterhaltung ...«

Jacob Grimm (1785–1863) erinnert sich an das »*Sammeln der Eichelhülsen, woraus Armeen rekrutiert wurden, die doppelten waren Offiziere, die verwachsenen mit knotigen Stielen Trompeter und Trommler*«.

Von Friedrich von Schiller wird berichtet, dass er mit seinem Sohn Karl besonders gern »Löwen« spielte und als mähnenschüttelnder und brüllender Wüstenkönig auf dem Boden herumkroch. Und dass auch große Geister von entwicklungsbedingter kindlicher Destruktion und Neugier nicht verschont waren, belegt Johann Wolfgang von Goethe. Von ihm wissen wir, dass er als Kind (um 1753) irdenes Geschirr in Mengen aus dem Fenster warf. Mit Vergnügen beobachtete er die komische, abwechslungsreiche Art, in der es auf dem Pflaster zerbrach und zersplitterte.

Während Stadtkinder auch damals schon mit ständigen Verboten rechnen mussten, konnten sich die Landkinder verhältnismäßig frei in Feld und Wald bewegen. Die Enge der ummauerten Städte, aber auch die bürgerliche Kinder- und Spielfeindlichkeit engten Kinder in ihrer Entfaltung ein. Um so erstaunlicher liest sich eine Forderung von P. Villaume, Pädagoge der deutschen Nationalerziehungsbewegung, die dieser 1793 aufstellte (zitiert nach M. Kreher): »*In jeder Stadt, in jedem Viertel der großen Städte, wird ein freier, geräumiger Platz sein, der so verzäunt sein muß, dass die Kinder vor Pferden und Wagen und allenfalls auch vor Hunden, wenn man will, sicher sind. Die kleinen Kinder beiderlei Geschlechter bis zum siebten Jahr versammeln sich hier ... Ein Verordneter des Staates führt die Aufsicht, um allen Schaden und alle Unordnung zu verhüten und im Notfall die Kleinen aufzumuntern, ihnen Spiele vorzuschlagen und ihre Vergnügungen zu dirigieren.*«

Heute, genau 200 Jahre später, gibt es statt der von Spielpädagogen betreuten Spielplätze fast immer noch den Zaun, der Aufsicht führt und Wippe und Klettergerüst, die »Spielpädagogik« betreiben.

2.4   Kinderspiele als Mittel gegen das Zuviellernen

Im 19. Jahrhundert veränderten sich durch die Industrialisierung die Lebensbedingungen der meisten Familien und damit auch der Kinder. Das Spiel wurde zugunsten der Arbeit abgewertet. Dies geschah nicht ohne Absicht gerade bei der ärmeren Bevölkerung.

Einen Beleg aus der zweiten Hälfte des 19. Jahrhunderts liefert der Dichter Wilhelm Raabe, der im »Hungerpastor« vom Spielzeugladen der Base berichtet. Dort wird der kleine Hans durch die Beschäftigung mit Puppen und Hampelmännern zur Arbeit »verführt«: »*Sobald Hans Unwirsch seine Hände nicht mehr in den Mund steckte, wurde er sogleich von der Mutter und der Base mit dem großen Prinzip der Arbeit bekanntgemacht. Die Base Schlotterbeck war ein kunstreiches Weib, welches sich dadurch einen kleinen Nebenverdienst verschaffte, dass es für eine große Spielwarenfabrik Puppen ankleidete ..., wobei Hans bald hilfreiche Hand leistete, Herren und Damen, Bauern und Bäuerinnen, Schäfer und Schäferinnen und mancherlei andere lustige Männlein und Fräulein aus allen Ständen und Lebensaltern entstanden ..., mit Leim und Nadel und bunten Zeugstückchen, Gold- und Silberschaum. Hans Unwirsch stellte sich gut dazu an, wenn ihm auch die Kinderfreude an diesem Spielzeug natürlich bald verlorenging.*«

Die Einstellung der Kinder zum Spiel war überall gleich. Unterschiede ergaben sich aus der kulturellen und landschaftlichen Umgebung. Während der an der Nordsee lebende Klaus große Schneckenhäuser mit Bindfäden anschirrte und als Zugtiere gelten

Abb. 3: Drei Jungen präsentieren ihr Spielzeug: Dreirad aus Eisen, auf dem Tisch Zinnsoldaten mit Kanone. Fotografie von 1876.

ließ oder Muscheln für Schafe nahm, benutzte der in einer Waldgegend beheimatete Richard Tannenzapfen und gegabelte Ästchen als Kühe.

Mit etwas Nachhilfe wurde überall der Stock zum Steckenpferd, eine Kartoffel ergab den Kopf, ein Strohbüschel den Schwanz. Oder ein Stück Holz mit Lumpen umwickelt, konnte für das Mädchen in Ostpreußen wie in Hessen oder Schleswig-Holstein das zärtlich geliebte Puppenkind sein. Die Landbevölkerung hatte durchweg kaum Zeit, sich um das Spiel oder Spielzeug ihrer Kinder zu kümmern. Die Kinder blieben sich weitgehend selbst überlassen. Selma Lagerlöf (1858–1940), die schwedische Erzählerin, beschreibt das Rollenspiel der Kinder auf dem Lande um 1865 mit den Worten: *»Es ist mir oft aufgefallen, dass die Kinder nie artiger sind, als wie sie im Spiel die Erwachsenen nachahmen. Nie ist man so sicher vor ihnen, als wenn sie einen Acker umpflügen, den sie mitten auf der Straße abgesteckt haben, als wenn sie den Braunen schnalzen oder mit der Peitsche aus Bindfaden knallen, oder mit einem Baumzweig im Straßenschmutz Furchen ziehen …«.*

Wie schon in den vorangegangenen Jahrhunderten fanden nahezu alle Kinderspiele im Freien statt; demnach waren viele Spiele, wie sich H. Boesch (1901) erinnert, jahreszeitlich gebunden: *»Ebenso wie das Schussern bezeichnete auch das Kreiseltreiben den Beginn des Frühjahres … Und nun im Frühling spielte man Ball, man kegelte und trieb den Reif. Man haschte [fing, d. V.], schaukelte, spielte Blindekuh, machte Seifenblasen, lief auf Stelzen, spielte Verstecken, sprang Bock, tanzte Reihen, spielte die goldene und die faule Brücke, führte das Schelmspiel auf, bei dem ein Teil Diebe, der andere Häscher darstellte, spielte ›Gerad und Ungerad‹, ›Platzwechseln‹, ›Schneider leih mir deine Scher‹ ›Herr König, ich diente gern‹ ›Lachen verhalten‹ oder ›Grasmüseli machen‹, Knö-*

chelchen, Fingerziehen, Hakeln usw. Der Eintritt kälterer Jahreszeit brachte das Drachensteigen mit.«

Der Maler Anselm Feuerbach (1829–1880) nannte als liebste Kinderbeschäftigungen:
»Turnen, schwimmen, schlittschuhlaufen, boxen, radschlagen, auf hohen Stelzen einen
Walzer tanzen oder die Waden eines harmlosen Vorübergehenden mit nie fehlendem
Pfeilschuß schädigen gehörte damals zu unseren bekanntesten Belustigungen.«

Einst von Jung und Alt geliebte Bewegungsspiele wurden im Laufe der Jahrhunderte zu Sportdisziplinen mit festen Regeln. Zum Ende des 19. Jahrhunderts wurde
aus Fangen Leichtathletik, Bockspringen mündete ins Geräteturnen und aus dem
Spiel mit federgeschmückten Bällen wurde Badminton.

Kinderspiele – so formulierte es bereits der Schriftsteller Franz Magnus Böhme –
sind für das Schulkind Erholung und ein gutes Mittel gegen das Zuviellernen. In seinem Buch »Deutsches Kinderlied und Kinderspiel« stellt er 1897 fest: »Über das Ver-
hältnis des Spiels zur Schule bleibt noch viel zu wünschen und zu hoffen. Die Schule hat
leider zu wenig auf das Spiel geachtet und selbst alte Kinderfeste, die mit Kinderspielen
verbunden waren, vernachlässigt. In der Hast des Lernens und des Einpfropfens von Wis-
sensstoff ist Lehrern und Schülern die Heiterkeit des Spiels und die Lust dazu abhanden
gekommen.« Heute, über 110 Jahre später, scheinen Böhmes progressive Worte noch
immer aktuell zu sein. Zwar hat seit etwa zwanzig Jahren das spielende Lernen auch
verstärkt Einzug in die Grundschulen gehalten, dennoch wird durch eine z.T. immer
noch überbetonte Kopflastigkeit und »Arbeitsblatt«-Pädagogik vielen Kindern die
Lernfreude und der Spaß an der Schule schon in den ersten Jahren genommen.

Ein Blick zurück in die römische Antike gibt nicht nur Böhme recht, sondern kann
auch noch Impulse für die Grundschule heutiger Zeit geben. Die römischen Lehrer
verstanden sich nicht nur als Stoffvermittler. Schule und Spiel waren gleichbedeutend.
Für beides galt die Bezeichnung »ludus«, und der Ludimagister war Spiel- und Schulmeister zugleich.

»Den Weg zurück ins Kinderland möchte ich, nach reiflicher Überlegung, doch lieber
mit Jean Paul als mit Sigmund Freud machen.«

Karl Kraus

2.5   Patriotische Spiele, Schweinsblase und Flickerpupp

Bis zum Ende des 19. Jahrhunderts achteten Eltern und Erzieher darauf, dass sich die
kleinen Mädchen ausschließlich auf häusliche Spiele beschränkten, während bei den
Jungen eine gegenteilige Tendenz vorherrschte. Die Freude am Soldatenspiel, bei dem

man hinaus ins »feindliche Leben« musste, war kennzeichnend für diese Zeit. Aus Pappe und Leim klebten die Jungen Ritterburgen, und aus dem zersägten Stück Holz entstand meist ein Säbel. Die Jungen wurden zu Kampf- und Streitspielen ermuntert. Eltern wie Erzieher sahen in ihnen eine Art vormilitärischer Erziehung und förderten sie, wo sie nur konnten. Wo man ausschließlich auf den Anführer zu hören und sich seinen Befehlen unterzuordnen hatte, ging es natürlich alles andere als demokratisch zu. Die nicht so zimperlichen Spiele arteten oft in brutale Schlägereien aus. Schließlich, so die damalige Vorstellung, sollten sich Jungen auch einmal kräftig prügeln.

In der Zeit vor dem 1. Weltkrieg wurden rohe Kampf- und Streitspiele beiden Jungen nicht nur gern gesehen, sondern auch noch unter dem Motto »früh übt sich« idealisiert. Im »Handbuch der Jugendarbeit« aus dem Jahre 1906 wurden Spiele mit patriotischem und heroischem Charakter der Jugend besonders »anempfohlen«.

Im Kindergarten sollten während des 1. Weltkrieges vaterländische Gesinnung, Tapferkeit und Pflichtgefühl geweckt werden. Das Spielbedürfnis der Kinder wurde im Erziehungswesen des Kaiserreichs immer wieder benutzt, um autoritäre Tendenzen durchzusetzen. Ein Beschäftigungsplan für den Kindergarten von 1915 weist u. a.

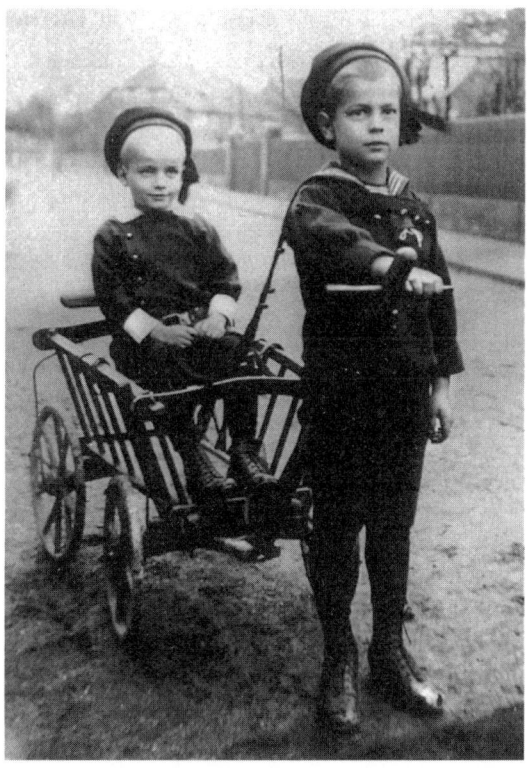

*Abb. 4: »Hüh, Schimmel, hüh!« – Kinder beim »Pferdchen mit Wagen«-Spiel.
Aufnahme von 1910.*

als Spiele, Lieder und Beschäftigungen auf: »*Soldaten- und Marschierspiele, Kriegs-spiele (Ausheben von Schützengräben im Sandkasten), Reiterspiele, patriotische Lieder, Kriegsgebete, Der Kaiser ist ein lieber Mann, Heil dir im Siegerkranz, Anfertigung von Soldatenausrüstungen, Verzieren der Bilder unserer Heerführer.*« (Zitiert nach Pappenheim 1915, S. 126 f.)

Ziel dieser Spiele und Beschäftigungen war die Einübung von Gehorsam, bewusste Unterordnung und Dankbarkeit. Die gleichen autoritären und kleinbürgerlichen Vorstellungen werden wir in der national-sozialistischen Erziehungslehre wiederfinden.

In Berichten und Erinnerungen derer, die ihre Kindheit zwischen 1915 und 1920 unter einfachen Lebensverhältnissen verbrachten, ist wenig von »Kinderfreuden«, »Idyllen« und »Jugendglück« zu hören. Bei den kleinen Leuten auf dem Lande wie im Arbeitermilieu der Großstädte war es durchaus üblich, dass Kinder bereits im Grundschulalter neben 32 Schulstunden zusätzlich 45 Stunden und mehr in der Woche arbeiteten. Das galt auch für die Ferien, wo sich die Arbeitszeit entsprechend verdoppelte. Nicht selten verging die Kindheit mit Holz hacken, Sägen, Kohlen schleppen, Stall ausmisten, Brötchen und Zeitungen austragen.

Meine Mutter (1914–1989), die ihre Kindheit auf dem Lande in Westpreußen verbrachte, erinnerte sich, dass die wenigen Freiräume, die neben Schule und häuslichen Tätigkeiten verblieben, um so intensiver genutzt wurden, z.B. zum Spiel mit der aus Resten genähten, heiß geliebten »Flickerpupp«. Die Spielzeuge waren einfach. Für die Jüngsten wurde die mit Erbsen gefüllte getrocknete Gänsegurgel zur Klapper, Holztiere schnitzte der Großvater für die Brüder meiner Mutter, und wenn geschlachtet wurde, spielten die Jungen mit der aufgeblähten Schweinsblase, in die ebenfalls zuvor Erbsen gefüllt wurden. Spielkameraden waren Hund und Katze, mit denen man sich ebenso verbrüderte wie mit dem Mohn, den Kornblumen und Raden, die nach ihrer Schilderung fast überall an den Feldrändern blühten. Besonders beliebt war bei den Mädchen das Spiel mit Blumen, Blüten und Pflanzenstengeln. Die Jungen sammelten Kletten und warfen damit in die Kruschelhaare der Mädchen, was nicht sehr angenehm war. Beliebt waren Fang- und Laufspiele mit den Kindern des Dorfes, Hinke- und Ballspiele, Plumpsack, Lieder- und Reimspiele. Im Wechsel von Alleinsein und engem Beisammensein im Haus, auf dem Hof, den Feldern, Wiesen und Dorfstraßen gab es nach getanen Pflichten immer noch reichlich Entdeckungs- und Bewegungsspielraum. Murmeln wurden gekickt, Seil-, Kreis- und Reihenspiele betrieben, zwischen Gräben Frösche gesucht. Die Mädchen kletterten wie die Jungen auf dickstämmigen Baumstämmen herum oder suchten in Waldwinkeln nach Blaubeeren. Wenn niemand zum Spielen da war, so meine Mutter, schuf man sich einen unsichtbaren Freund, der einen Namen erhielt und mit dem man reden und spielen konnte.

Damals wie heute spielen Kinder mit »gedachtem Geld« in der Ecke eines Zimmers, in der Sandkiste oder sonstwo »Kaufmann« und geben sich pantomimisch Dinge wie Butter, Brot und Bonbons über die imaginäre Ladentheke.

2.6   Von Soldatenspielen »kämpferischer Gesinnung« bis zum Überleben des »Totschießens«

In der nationalsozialistischen Kindergartenpädagogik nach 1933 ging es in erster Linie darum, die rassischen Anlagen durch »artgemäße« Lebens- und Wertordnungen zur höchsten Entfaltung zu bringen und kerngesunde Körper »heranzuzüchten«. Im Mittelpunkt stand dabei die Kontrolle der körperlichen Entwicklung des Kindes, damit es später abgehärtet und gestählt den harten Anforderungen standhalten könne. Die nordische Rasse hatte der Rassenlehre entsprechend »kämpferisch« zu sein. Ignoriert wurde dabei, dass Kindergartenkinder von ihrer psychischen Entwicklung her in diesem Alter noch nicht zu Wettkampf und Konkurrenz bereit sind. Die nationalsozialistische Erziehung unterdrückte vielmehr die Fähigkeit des Kindes zu Rücksichtnahme und Kooperation und förderte Spiele, in denen Kraft, Einsatzbereitschaft und kämpferischer Mut gefordert wurden. Hinzu kam eine stark differenzierte Geschlechtererziehung im Kindergarten, nach der ein kleiner Junge zum künftigen Soldaten und ein kleines Mädchen deutsche Mutter werden sollte. Abgesehen von der gezielten politischen Indoktrination war die Mädchenerziehung traditionell ausgerichtet, wie sie es auch heute noch weitgehend ist. Durch entsprechende Spiele und Spielzeuge, wie Puppe und Puppenzubehör wurden die Mädchen auf ihre Geschlechtsrolle vorbereitet.

Hitler ging es nicht nur bei der Erziehungs-, sondern auch schon bei der Bildungsarbeit mit Kindern im Grundschulalter vor allem darum, das Ideal des »Intellektualismus« durch sein eigenes Erziehungsideal der »körperlichen Tüchtigkeit und kämpferischen Gesinnung« zu ersetzen. Die Ausbildung geistiger Fähigkeiten war für ihn erst in zweiter Linie von Bedeutung. Die Erziehung des »neuen Menschen« wurde der Hitlerjugend (HJ) übertragen, in der alle Zehn- bis Achtzehnjährigen erfasst waren. Im Jahre 1933 waren 2,3 Millionen Kinder und Jugendliche in der HJ organisiert. Was die Jugend anzog, waren Flaggenparaden, gigantische Aufmärsche, Fackelzüge und Lagerfeuer, vor allem aber das Abenteuerliche der Gelände- und Soldatenspiele. Hatte man genügend von ihnen hinter sich gebracht, unzählige Male den Lederriemen durch die Maschinengewehrattrappe gezogen, Heldengeschichten gehört, Gräben ausgehoben, Zelte gebaut, haufenweise Wollfäden von »getöteten« Feinden wie Skalpe gesammelt, immer wieder Biwakfeuer gemacht, ewige Male exerziert, »Stillgestanden«, »Rührt Euch« und »links rum« über sich ergehen lassen, dann war die Begeisterung sicherlich verraucht und das ganze Kriegsspiel wurde – bis auf die anspruchslosen Gemüter – als nicht zu überbietender Stumpfsinn empfunden.

In der Zeit zwischen 1930 bis 1945 waren die Spielorte für die Kinder nach wie vor Straße, Hof, Garten und Feld. Im Haus war die Küche der vorherrschende Spielort. Dies blieb so bis in die frühen 1960er-Jahre hinein, in denen fast ausschließlich bei schlechtem Wetter Kinderzimmer und Küche in das Spiel einbezogen wurden. Während des 2. Weltkrieges und in den 1950er-Jahren waren in den Städten verbotene Orte wie Trümmergrundstücke und -häuser besonders beliebte Spielgegenden.

*Abb. 5: Beweis kindlicher Fantasie: 10- bis 12-jährige Jungen in ihren »U-Booten«
aus erbeuteten Flugzeugtanks. Lübeck 1945.*

In Kriegs- und Revolutionszeiten – damals wie heute – wehren sich Kinder im Spiel, während sie gleichzeitig das schreckliche Geschehen in den Bann ziehen kann. Im Zweiten Weltkrieg spielten Kinder Bombenangriffe, ahmten Sirenen nach, bauten Flugzeuge aus Holz mit Bomben aus Steinen, die dann mit dumpfen Dröhngeräuschen ihre vernichtende Last abwarfen. Und selbst nach 1945 spielten die Kinder, die den Krieg so intensiv erlebt hatten, wieder Krieg, als wäre die tödliche Gewalt die einzig nachahmenswerte Erfahrung, die es von Erwachsenen zu übernehmen galt. Das Kriegsspiel hat Kindern in Kriegszeiten sicherlich auch psychischen Schutz gegeben, die Ungeheuerlichkeit der Welt zu verkraften. Durch das Ausleben im Spiel bewahrten sich die Kinder unbewusst davor, verrückt zu werden. »Totschießen« ist ein Spiel, das alle Zeiten, Kriege und Moden mitgemacht und bis heute »überlebt« hat. Da kindliches Spiel immer auch Auseinandersetzung mit seiner Umwelt ist und das Spiel seinem Wesen nach eigentlich ein lebensdienliches Phänomen unseres Daseins ist, muss dieser fragwürdige Spieleklassiker uns Erwachsene im Zeitalter der Kriege im Irak und in Afghanistan besonders nachdenklich stimmen.

2.7   Kinderspiele der Nachkriegszeit und in der Medien- und Massengesellschaft

Nach 1945 waren zunächst keine Soldatenspiele zu sehen. Es gab auch in vielen Fällen keine Väter mehr, die begeistert von Kämpfen erzählen konnten. Erst mit der Welle der Western- und Comicfilme, die in den 50er-Jahren aus Amerika nach Deutschland schwappte, flackerte die Lust am Verfolgungsspiel mit Pistolen, Gewehren und anderen »Killerinstrumenten« wieder auf.

Einen guten Einblick in die Spielkultur Berliner Kinder vermittelt das 1957 erschienene Buch »Das Berliner Kinderspiel der Gegenwart« von Reinhard Peesch, in dem er über eine zwei Jahre zuvor durchgeführte empirische Untersuchung berichtet. Peesch stellte 5.000 Kindern im Alter von 6–13 Jahren die Frage »Welche Spiele spielt ihr jetzt auf der Straße am liebsten?« Durch die Altersgruppen hindurch waren 1955 bei den Mädchen die beliebtesten Spiele: Hopse, Verstecken, Einkriegen, Roller bzw. Rad fahren, Rollschuh laufen, Puppen (bei der jüngsten Altersgruppe), Murmeln, Räuber und Prinzessin bzw. Räuber und Polizei, Völkerball. Bei den Jungen waren es: Fußball, Verstecken, Einkriegen, Roller bzw. Rad fahren, Murmeln, Völkerball, Hopse, Räuber und Polizei bzw. Indianer und Cowboy, Hand- und Schlagball.

Die Zeit nach dem 2. Weltkrieg bis in die 1950er-Jahre hinein wurde zu einer echten Zeit des klassischen Kinderspiels. Es gab so gut wie nichts an käuflichen Spielmitteln und die Kinder spielten und beschäftigten sich mit dem, was sie aus der Überlieferung durch ältere Mitspieler kennenlernten oder selbst an Spielen erfanden und variierten. In den 50er-Jahren kannten die 9- bis 12-jährigen Kinder zwischen 50–80 verschiedene Spiele, konnten sie beschreiben, beherrschten ihre Regeln und Spielvarianten.

Und heute? Wann haben Sie heute zuletzt außerhalb eines Kindergartengeländes oder Schulhofes Kinder »Hinkepott«, »Gummitwist«, »Seilspringen« oder mit Murmeln spielen gesehen?

Seit Friedrich Fröbels Kindergartengründung (1837) sind gerade einmal etwas über 150 Jahre vergangen, und seit etwa 100 Jahren beschäftigt man sich in unserer Kultur etwas sensibler mit Kindern. Und schon scheint – mit Neil Postmans berühmten Worten – die Kindheit schon wieder zu verschwinden. Aus der Bedeutungslosigkeit in die Bedeutungslosigkeit. Soll's das wirklich gewesen sein? Sicher, unseren Kindern geht es in der westlichen Zivilisation physisch besser als je einer Generation zuvor, dafür wird Kindern immer weniger Zeit gelassen, noch Kind sein zu dürfen. Mit dem Verschwinden natürlicher Spielräume im Freien wird das Straßenspiel bald nur noch eine historische Kategorie darstellen. Durch eng besiedelte Neubaugebiete und fehlende Spielflächen gibt es für Kinder immer weniger Rückzugsmöglichkeiten. Die Wohnsituation wirkt sich wiederum negativ auf die Erziehungspraktiken vieler Eltern aus. Einschränkungen, Verbote und Sanktionen der Erwachsenen richten sich oft gegen das Bedürfnis von Kindern nach Aktivität und intensiver, vielfältiger Auseinandersetzung mit der Umwelt. Vor der Fernseh-Ära, die bei den meisten Familien in den frühen 1960er-Jahren eingeläutet wurde, verbrachten die Kinder wesentlich mehr

Zeit im Freien. Es stellt sich die Frage, ob im Getriebe unserer Medien- und Massengesellschaft des 3. Jahrtausends ein zwangloses Aufwachsen der Kinder möglich ist?!

Während früher Kinder vorwiegend mit ihren Geschwistern spielten und zankten, leben heute über 50 Prozent der Kinder in Einzelfamilien. Die Zahl der alleinerziehenden Frauen und Männer stieg auf über 30 Prozent. Demzufolge sind Kinder heute vorwiegend auf Erwachsene angewiesen. Zum einen erhalten die Kinder durch ausgiebige Beziehungen viel Zuwendung, zum anderen erleben sie ständige Beaufsichtigung und Reglementierung. Kinder haben es heute wesentlich schwerer, unbeobachtet zu sein, sich in ihre eigene Spielwelt zurückzuziehen und sich zu entfalten. Kinderspiele haben immer den Sinn gehabt, dass sich Kinder ihre eigene Welt aufbauen. Betrachten wir das Kinderspiel der letzten 2000 Jahre, so wirkt die Einstellung der Erwachsenen zu ihm wie ein Wechselbad aus Wohlwollen und Ablehnung. Die klassischen, echten Kinderspiele haben sich, wenn auch z. T. in einem Dornröschenschlaf, bis heute erhalten; trotz der Ignoranz, Engstirnigkeit und Dummheit vergangener Erwachsenengenerationen. Sie werden auch noch weitere Kindergenerationen in ihren Bann ziehen, solange deformierte Erwachsenenhirne das Kinderland nicht anstecken und von Streetfightern, Gameboy, He Man, Kriegsspielzeug & Co. abbrennen lassen.

Das Dasein des kindlichen Spiels reicht aus, es zu schützen und zu bewahren.

3. Spielzeuge von damals

3.1 Über Puppen, Zinnsoldaten, Trommeln und Gewehre

Spielzeug ist immer auch ein Stück der jeweiligen Kultur seiner Zeit. Ball, Kreisel, Steckenpferd, Reif, Puppen und Wägelchen waren als Spielzeuge im alten Ägypten ebenso bekannt wie im antiken Griechenland und in der Römerzeit. Erste klassische Spielzeuge waren im Altertum und im Mittelalter die Puppe, die man auch »tocke« nannte, das Schwungseil, Stelzen, Brettschaukel und Murmeln.

Von den Puppen, mit denen die Kinder seit der Antike bis heute auf der ganzen Welt spielen, wissen wir zumindest aus China, dass sie dort ursprünglich die Funktion hatten, ungünstige Schicksale zu übernehmen, die auf sie von den Menschen übertragen wurden, denen die Sterne Unheil voraussagten. Puppen also in der Rolle des Sündenbocks. Später wurde das Spiel mit ihnen wesentlich harmloser. Auch heute noch haben Puppen im Reich der Kinder viel Stellvertretendes zu leisten und zu erleiden.

Im 18. Jahrhundert spielten vor allem die Kinder der oberen Stände mit käuflichen Spielwaren. Die Puppen sahen eher wie Modedamen aus, die dem Kind seine spätere Stellung in der Gesellschaft modellhaft verdeutlichten. Man kann sich kaum vorstellen, dass die kostbar gegliederten Puppen als regelrechtes Spielzeug dienten. Puppe und Puppenstube waren ein Erziehungsinstrument, Mädchen an die hierarchische Familienstruktur anzupassen.

Vorwiegend bei Jungen, aber auch bei Mädchen beliebt war das Spiel mit Zinnfiguren. In seinem Erinnerungsbuch »Dichtung und Wahrheit« berichtet Goethe, wie er zusammen mit einem kleinen Mädchen mit Zinn- und Bleisoldaten spielte: »*Wir wollen auf die goldene Brücke gehen‹, sagte sie, dort spielt es sich am besten mit Soldaten … Es war alles Reiterei, wie ich nunmehr sah. Die Heere standen gegeneinander, und man konnte nichts schöneres sehen … Mann und Pferd rund und körperlich auf das Feinste gearbeitet. Auch konnte man kaum begreifen, wie sie sich im Gleichgewicht hielten … Wechselseitig ging nun die Kanonade los, und im Anfang wirkte sie zu unser beider Zufriedenheit. Allein als meine Gegnerin bemerkte, dass ich doch besser zielte als sie und zuletzt den Sieg, der von der Überzahl der Stehengebliebenen abhing, gewinnen möchte, trat sie näher, und ihr mädchenhaftes Werfen hatte dann auch den erwünschten Erfolg. Sie streckte mir eine Menge meiner besten Truppen nieder, und je mehr ich protestierte, desto eifriger warf sie*« (Goethe, Bd. 22, S. 67 ff.).

Nicht erst in unseren Tagen, sondern schon vor 200 Jahren empörten sich die Gemüter über bestimmte »Kriegsspielzeuge«. Als zur Zeit der Französischen Revolution in Deutschland die Kinder mit Zinnfiguren den »Sturm der Bastille« spielten und

Abb. 6: Spielzeugklassiker
›*Schauen Sie mich an!‹ sagte der Kreisel zum Ball. ›Was sagen Sie nun? Wollen wir uns nicht verloben?*
Wir passen so gut zusammen, Sie springen und ich tanze. Glücklicher als wir beide kann niemand
werden‹!«
(Hans Christian Andersen, »Der Kreisel und der Ball«)

man in Frankfurt kleine blutrot gestrichene Guillotinen kaufen konnte, wurde selbst Goethes Mutter auf den Plan gerufen. Der »Dichterfürst« bat seine Mutter, ihm eine solche Kinderguillotine für seinen Sohn August nach Weimar zu schicken, die jedoch sehr unwirsch reagierte und eine »*solche infame Mordmaschine*« um keinen Preis kaufen wollte. »*Wär ich Obrigkeit*«, schrieb sie, »*ich möchte die Hersteller an das Halseisen bringen lassen. Die Jugend mit so etwas abscheulichem spielen lassen, nein da wird nichts daraus.*«

Bis ins 20. Jahrhundert galt das Soldatenspiel- und Spielzeug bei den Jungen als liebstes Kinderspiel. Vor 1900 gab es in jedem Jungenzimmer Zinnsoldaten und Blechkanonen, das Schlachtschiff aus Pappmaschee, Infanteristen aus Elastolin. Kriege ließen sich so in der »guten Stube« einüben. Thomas Mann (1875–1955) schien etwas vom gängigen Muster abzuweichen, wenn er in seinen Erinnerungen schrieb: »*Auch mit Bleisoldaten habe ich gespielt, aber ohne rechte Leidenschaft, obgleich ich außerordentlich schöne, faßt fingerlange mein eigen nannte, die man vom Pferde herunternehmen konnte, wobei mich nur der dicke Zapfen störte, den sie zwischen den O-Beinen trugen*«.

Kriegsspielzeug hat es mit historischer Regelmäßigkeit gegeben. In alten Spielmusterbüchern und Katalogen des 19. Jahrhunderts finden sich Soldaten aus Papier, Holz, Ton oder Zinn samt dazugehöriger Kriegsmaschinerie. Mit Zinnsoldaten ließen sich historische Schlachten komponieren. Die Nürnberger Spielzeughersteller legten für ihre Produkte eine bestimmte Normgröße fest, was den Kauf passender Regimenter für das jeweilige Schlachtengetümmel, wie die »Schlacht bei Sedan« sehr erleichterte. In der Kaiserzeit bekam das militärische Spielzeug ein Übergewicht, und so hieß es dann auch:

»Trommel, Pfeifen und Gewehr,
Fahn' und Säbel und noch mehr,
ja ein ganzes Kriegesheer
möcht' ich gerne haben!«

Das Spielzeug hatte schon immer eine wichtige Funktion im Sozialisationsprozess des Kindes. In altbekannten Weihnachtsliedern spiegeln sich kindliche Wunschzettel wieder und zählen gleichzeitig das Spielzeugrepertoire der Kinder im 19. Jahrhundert auf:

»Wisst ihr noch?
Mein Räderpferdchen,
Jettchens hübsche Schäferin,
Lieschens Küche mit dem Herdchen
und dem blankgeputzten Zinn?
Wilhelms bunter Harlekin
mit der gelben Violin.«

Abb. 7: Postkartenidylle: Puppenmutter 1917.

Adressat des »schönen« käuflichen Spielzeugs war das Bürgerkind in einem behüteten Heim – etwa 20 Prozent der Kinder. Die restlichen 80 Prozent, Kinder aus Arbeiter-, Bauern- und Kleinbürgerfamilien hatten nur wenig Gelegenheit zum Spiel mit Spielzeugen.

Die Schriftstellerin Fanny Lewald (1811–1889) schrieb über ihre Spielsachen: »*Wir hatten allerlei Spielzeug, Häuserschachteln, Puppen, Festungen, die zum Teil sehr schön und kostbar waren … Aber mit fertigem Spielzeug läßt sich nicht lange spielen, und bis ich groß genug war, um selbst für die Puppen zu nähen und schneidern zu können, hatte all unser Spielzeug, hatten selbst meine kostbarsten Puppen nur das Interesse der Neugier für mich. Ich wollte wissen, wie die Dinge gemacht wären, wie sie von innen aussähen, und um das zu ergründen, arbeitete ich solange an ihnen herum, bis ich sie zerbrochen hatte …*«

3.2   Wohlfeile Spielzeuge für Bürgerkinder

Das Reich der Mädchen war in erster Linie das Reich der Puppen, der Mütterlichkeit. Das Tun der eigenen Mutter war Vorbild und Quelle des ewigen »Mutter und Kind«-Spiels. Die Körper der teuren Puppen waren z. T. komplett aus Leder. Einfachere waren mit Sägemehl gefüllt. Der Puppenkopf und die Hände waren ein Kapitel für sich. Das Material reichte hier von Holz, Pappmaschee, Wachs bis zum Biskuitporzellan. Hinzu kam eine Fülle von Zubehör, die eine Puppenmutter für ihre Kinder brauchte: Wäsche, kleine Stühle, Tische, Betten, Wagen zum Ausfahren und vieles mehr.

Puppenstuben, für die heute auf Auktionen und in Antiquitätenläden bis zu sechsstellige Summen ausgegeben werden, sind in erster Linie dem Interesse Erwachsener zu verdanken. Im 18. Jahrhundert wurden sie oft von Kunsthandwerkern detailgetreu

Abb. 8: Kaufmannsladen um 1900.

gestaltet. Zu Lebzeiten ihrer kleinen Besitzer gestattete dieses Spielzeug keine wirklich schöpferische Entfaltung. Die normierten Ordnungen der Stubeneinrichtungen ließen bis auf ein Ein- und Ausräumen nicht viel mehr zu. Puppenstuben waren meist für die Kinder des Großbürgertums kleine Schaubühnen, auf denen sie nach ihrem Gefallen Begebenheiten inszenieren konnten.

»Die Dinge, mit denen das Kind spielt, spiegeln die Welt der Erwachsenen ahnungsvoll wider.«

Johan Huizinga

Auf dem Lande waren es die Jahrmärkte und in den kleineren und größeren Städten die Spielzeugläden, die seit Mitte des 19. Jahrhunderts gewerbsmäßig hergestelltes Spielzeug verbreiteten. Während Schleswig-Holstein z.B. gar keine Spielwarenindustrie besaß, wurde überall der berühmte »Nürnberger Tand« angeboten. Die Holzspielsachen kamen aus den waldreichen Mittelgebirgen Deutschlands, wie z.B. Thüringen. Sie wurden meist in Heimarbeit hergestellt, durch sogenannte Verleger aufgekauft und von wandernden Händlern durch das ganze Reich und darüber hinaus verbreitet. Schnitzer und Drechsler stellten »Docken« (Puppen) her, die stocksteif gedrechselte Figürchen waren.

Abb. 9: Aus einem alten Spielmusterbuch, um 1850.

Dazu kamen Klettermännchen an der Stange, Schaukelpferde, Hampelmänner, Tiere zum Nachziehen, Mühlen aus Holz, Kreisel, Holztiere und Puppenmöbel.

Zum Schaukel- und Steckenpferd gehörten auch eine Peitsche und ein hölzerner oder metallener Säbel und allerlei sonstiges an Waffen wie Schwert, Schild und Helm. Vorbild waren Reiter und Soldat.

Neben Holz bot sich Töpferton als geeignetes und billiges Material für die Spielzeugherstellung an. Figuren, Tonpfeifen, Puppengeschirr, vogelartig geformte Wasserpfeifen und Tiere waren »Nebenprodukte« der Töpfer, die in großen Mengen z. B. im Westerwald hergestellt und in ganz Deutschland vertrieben wurden.

Zierliches Spielzeug wurde auch aus Glas hergestellt, so z. B. kleine Puppengeschirre und Glasmurmeln im thüringischen Eisenach. Spielzeuge aus Metall waren vorwiegend städtischer Herkunft. Gießer stellten kleine Bleischüsseln, Kännchen, Zinntellerchen und Löffel für das Puppenspiel her. Nürnberg war auch die wahre Heimat des Zinnsoldaten, der seit dem 18. Jahrhundert die ganze Welt eroberte und nicht zuletzt durch Hans Christian Andersen (1805–1875) im Märchen vom »Standhaften Zinnsoldaten« in die Literatur einging. Bis in die 1920er-Jahre hinein waren Zinnsoldaten und Zinnfiguren ein Stück Wunsch- und Traumwelt kleiner Jungen.

Auf den Weihnachtsbildern bürgerlicher Familien des 19. Jahrhunderts findet sich neben Schaukelpferd, Säbel und Helm auch stets der Baukasten, das konstruktive Geschenk für Jungen. Der Bethel-Begründer Friedrich von Bodelschwingh (1831–1910) erinnerte sich: »*Wenn es dann an jenen Wintertagen abends früh dunkel wurde, saß ich mit doppeltem Vergnügen bei meinem Baukasten … Hier waren richtige Steine mit scharfer Kante und verschiedenen Formen, kurz und lang, dünn und dick. Sogar ein paar Bogen waren dabei, die man für Brücken oder runde Fenster benutzen konnte. In dem Heft, das zum Baukasten gehörte, sah man auf der einen Seite die fertigen Gebäude, die hergestellt werden sollten und auf der anderen die Risse der verschiedenen Schichten des entstehenden Bauwerkes.*«

Abb. 10: Hampelmann-Theater um 1850. Aus einem Spielmusterbuch.

Das schon erwähnte Schaukelpferd war ein typisches Spielzeug für die Jungen. Schichtenspezifisch war lediglich die Ausstattung. Für die Kinder aus sogenannten vornehmen Familien waren sie mit Fell und Lederzeug ausgestattet.

In der Herbst- und Winterzeit wurden die Kasperlefiguren, das Puppentheater oder der »Guckkasten« hervorgeholt. Das richtige Puppentheater, das vorwiegend aus Papier nach Vorlagen ausgeschnitten war, benutzten die Kinder, um »Schneewittchen«, »Wilhelm Tell« oder ein eigenes Stück in Szene zu setzen. Kasperlefiguren wurden in erster Linie von Erwachsenen in die Hand genommen, um die kleinen Zuschauer auf Geburtstagen, besonders aber auf Jahrmärkten zu faszinieren.

Der alte »Guckkasten«, der en miniature fremde Länder, Tiere, Schlösser und größere Ereignisse in bunten Stichen und Lithografien vorführte, diente Erwachsenen wie Kindern gleichermaßen als Unterhaltung. Im weiteren Sinne gehörten hierzu auch die beliebten Bilderbögen, wie etwa die Münchener oder Neuruppiner Bilderbögen, die das Kind in sein Spiel einbezog, auch wenn der Erwachsene etwa seit Ende des 18. Jahrhunderts in diese Spielangebote belehrende Elemente – meist im Stil der Zeigefingerpädagogik – eingeschmuggelt hatte.

Wo das Geld für Spielzeuge fehlte, entwickelten die Kinder eigene Ideen. Friedrich Paulsen schildert, wie es in seiner Kindheit um 1850 in Nordfriesland war: »*Wie die Spiele, so waren die Spielzeuge unser eigen Werk, niemand lehrte sie machen, niemand kümmerte sich darum, wie sie zustande kamen, es stand alles auf dem eigenen Können und Wollen. Spielwarenläden gab es damals noch nicht bei uns … höchstens, dass zu Weihnachten oder zum Jahrmarkt eine Kindertrompete für einen Groschen oder eine Peitsche oder ein paar Holztiere in einer Bude gekauft wurden. Aber die eigentlichen Spielzeuge machten wir uns selber.*«

3.3 Von der Dampfmaschine und Laterna magica bis zum Computer-Kriegsspiel

Technik hat es auch immer im Spielzeug gegeben, wie wir anhand alter Spielzeuge aus Holz und Blech immer wieder sehen: Windräder, Sandmühlen, Kaleidoskope, Laterna magica, Dampfmaschine und Dampfschiff, Eisenbahn und nicht zuletzt das Auto sind ein Beleg dafür, dass Spielzeuge auch stets eine zeitkulturelle Erscheinung sind.

Schon um 1850 herum waren erste selbstfahrende Uhrwerk-Eisenbahnen im Handel. Während die mit einem Uhrwerk fahrenden Züge zu ihrer Zeit »wohlfeiles« Massenspielzeug wurden, blieben die mit Dampf betriebenen Spielzeugeisenbahnen ausschließliches Spielobjekt für die Kinder wohlhabender Eltern.

Kurz vor dem Ersten Weltkrieg erfreuten sich Dampfmaschinen besonderer Beliebtheit. In dieser Zeit geriet durch die Verbreitung der Autos und die Erfindung des Flugzeugs die Technik in allen Formen in den Mittelpunkt öffentlichen Interesses. Im »Illustrierten Hauptkatalog« der Firma August Stukenbrok in Einbeck aus dem Jahre 1912 werden Dampfmaschinen zu Preisen zwischen 2,25 Mark und 7 Mark angeboten. Heute zahlen die Sammler nostalgischen Spielzeugs für diese alten Dampfmaschinenmodelle viele Hundert Mark.

Das wichtigste Spielzeug des 20. Jahrhunderts ist für kleine Jungen das Auto in allen nur erdenklichen Formen und Varianten. Schon um 1900 wurden zwei verschiedene Autogrößen hergestellt, die fast immer mit einem Uhrwerk betrieben wurden. Neben mechanisch betriebenen Dampfern, Zeppelinen und Modellflugzeugen, die übrigens schon Kinder erfreuten, bevor sich das erste große Flugzeug in die Luft erhob, wurden auch modebewusste kleine Puppenmütter von der Technik erfasst. Vor dem Ersten Weltkrieg wurden die ersten handgetriebenen Kindernähmaschinen aus Eisen hergestellt. Mit einfachem Kettenstich konnten sie wirkliche Nähte ausführen. Neben elektrischer, von einer batteriegespeisten Puppenstubenbeleuchtung bis zum Backofenherd mit explosionssicherer Spiritusheizung reichte die Palette des technischen Spielzeugs für Mädchen. Favoriten der Kinder waren in der Zeit vom 1. bis zum 2. Weltkrieg auch bewegliche Tiere, allen voran kleine Äffchen, die mit Bällen jonglierten, kletterten oder tanzten. Die mit einem Aufzugswerk ausgestatteten Tierchen waren aus Blech, Plüsch oder Pappmaschee, das man z. T. mit Textilien überzog. Aufziehspielzeuge sind bis zum heutigen Tage im Handel, lediglich die äußeren Gestaltungsmerkmale wurden modifiziert.

Abb. 11: Zeitungsanzeige von 1881.

Zum klassischen Jungenspielzeug wurden schließlich seit etwa 1900 Ausrüstungsgegenstände zum Indianerspiel wie Tomahawk, Colts, Gewehre, Kopfschmuck und Friedenspfeife. Auslöser für das mit großer Begeisterung betriebene Indianerspiel waren damals Karl Mays unsterbliche Helden Winnetou und Old Shatterhand.

Die meisten der angesprochenen Spielzeuge erfreuten auch in den 1950er-Jahren in z. T. abgewandelten Formen und verfeinerten Techniken Jungen wie Mädchen. Hinzu kamen Metallbaukästen, Konstruktions- und Bauspielzeuge aus Kunststoff, wie z. B. Legosteine, Modellautos von Wiking, Spritzgussautos von Matchbox, Blech- und Plastiktraktoren, immer verfeinertere elektrische Modelleisenbahnen, wie z. B. von Märklin, Trix, Lehmann oder Fleischmann. Küchengeräte für den Puppenhaushalt, Staubsauger und Nähmaschinen wurden jetzt mit einer Batterie angetrieben.

Hatte man nach dem 2. Weltkrieg zunächst die Kriegsspielzeuge aus den Regalen verbannt, so kann heute – trotz unzähliger Diskussionen über Sinn und Zweck dieser Spielmittel – getragen von der Faszination der Technik, der »Krieg im Kinderzimmer« authentischer als je zuvor durchgeführt werden. Mehr als 400.000 Spielmittel offerierte die Nürnberger Spielwarenmesse 2009. Unter ihnen befand sich eine unübersehbare Fülle an Plastikbösewichtern bis hin zum Kriegssimulationsspiel am Bildschirm: alles wie »im richtigen Leben«. Trotz unzähliger elektronischer Spielzeuge und PC-Spiele ist das klassische Brettspiel für Kinder und die ganze Familie erfreulicherweise nach wie vor eine feste Größe im Spielemarkt.

Und wie sieht es heute beim vorwiegend von Mädchen benutzten Spielzeug aus? Die Pädagogik unserer Tage setzt seit etwa 40 Jahren auf Gleichberechtigung. Ein Blick in die vollen Regale der Spielwarengeschäfte lässt uns fragen, ob sich die Zeiten beim Mädchenspielzeug wirklich sehr geändert haben. Nach wie vor gibt es Puppen und Puppenbaby-Zubehör, Küchen und Frisiergarnituren, Barbies, Petras und unzählige eingeschweißte Modekleidchen. Die Tendenz, die Rollenfindung vorzubereiten, ist geblieben, wenn auch die Puppen seit den 1970er-Jahren keine Kinder mehr sind, sondern chic gekleidete Twens, die statt an der Nähmaschine am Steuer eines pinkfarbenen Cabrios sitzen.

4. Die Sammlung klassischer Kinderspiele

Es ist schier unmöglich, alle klassischen Kinderspiele mit allen Regeln, Varianten, breiten volkskundlichen und kulturellen Beziehungen behandeln zu wollen.

Bei der Zusammenstellung der Spiele wurde sowohl an die »Spielbarkeit« bzw. Spielakzeptanz durch Kinder von heute gedacht, als auch an das scheinbar zeitlose Vergnügen, die Lust und Freude, die mit diesen wohl schönsten, authentischen Kinderspielen bis zum heutigen Tage verbunden sind.

Im echten, von Generation zu Generation weitergegebenen Kinderspiel haben sich Kinder trotz Ignoranz und Unverständnis Erwachsener über Jahrtausende ihre innere Freiheit bewahrt. So konnten die aufgeführten Spiele, Reime und Rätsel die in den vorangegangenen Kapiteln beschriebenen Strömungen und Ideologien überdauern. Die Wahrscheinlichkeit, dass sie auch im nächsten Jahrtausend noch von Kindern mit Begeisterung gespielt werden, ist um so größer, je mehr wir uns mit der Faszination des klassischen Kinderspiels auseinandersetzen und Verständnis für das kindliche Spiel aufbringen.

Die Angebote in diesem Buch wenden sich an Kinder vom Kindergartenalter an. Nach oben hin sind die Altersgrenzen fließend.

4.1 Blumenorakel, Zittermühle und Bollerköpfe – Spiele im Jahreslauf

Frühling

Noch zu Zeiten unserer Eltern und Großeltern war das Kinderspiel stärker von den Jahreszeiten geprägt als heute, zumal fast alle Spiele im Freien stattfanden.

Neben der Fülle der im Buch beschriebenen Regelspiele gab es eine Vielfalt an Kinderbelustigungen, die von elementarer Spielfreude bestimmt waren.

Im Frühling und Sommer gab es auf dem Lande eine große Zahl von Blumenspielen. Meist stand eine kleine Gruppe Mädchen zusammen, die Blumen suchte, aus den Stengeln des Löwenzahns und aus Gänseblümchen Ketten machte oder aus der blauen Kornblume Kränze flocht.

Blumen-Orakel

Die Kinder – vorwiegend waren es Mädchen – zupfen die Blätter der großen Gänseblume ab, indem sie zu jedem fallenden Blättchen ein Wort der folgenden Sätze aufsagen. Das Wort, das auf das letzte Blättchen zufällig kommt, »trifft ein«. Es zeigt den Grad der Liebe oder den Stand des künftigen Ehemannes an:

1. Fassung
Er liebt mich …
… von Herzen
… mit Schmerzen
… ein wenig
… gar nicht.

3. Fassung
Edelmann, Bettelmann,
Bürger, Bauer,
Graf, Soldat,
Schulmeister, Pfarrer.

2. Fassung
Kaiser, König, Edelmann,
Bürger, Bauer, Bettelmann,
Schuster, Schneider, Leineweber,
Doktor, Kaufmann, Totengräber.

Pfeifenmachen

Die Jungen klopften auf dem Lande damals wie heute Weiden- und Holunderäste, bis sich die Rinde löste und sich abdrehen ließ. Daraus entstanden dann die Rindenpfeifchen, die auch als Friedenspfeife beim Indianerspiel ihren Einsatz fanden.

Eierrollen

Material: Bunte Ostereier.
Spielbeschreibung: In manchen ländlichen Gegenden, wie z.B. in Friesland, ist das Eierrollen zur Osterzeit ein noch heute gepflegtes traditionelles Spiel. Die Kinder versammeln sich und lassen auf ein Kommando ihre bunten Ostereier einen kleinen Hügel hinunterrollen. Derjenige, dessen Ei am weitesten gerollt ist, darf sich alle anderen Eier nehmen und behalten.
Variation: Sieger ist dasjenige Kind, dessen Ei zuerst den Hügel hinuntergerollt ist.

Sommer

Seifenblasen groß und klein –
schon nach kurzem Wandern
platzt im goldnen Sonnenschein
eine nach der andern.

Seifenblasen

Welches Kind bekommt keine leuchtenden Augen beim Anblick schöner Seifenblasen?

Material: Trinkhalme, Schmierseife, Glycerin und Wasser.

Materialvorbereitung: 40 g Schmierseife und 60 g Glycerin werden in 1 Liter erwärmtem Regenwasser gut aufgeschlagen.

Spielbeschreibung: Damals kaufte man sich keine Seifenblasen aus der Dose, sondern stellte sie aus grüner Seife selbst her. Davon wurde eine kleine Handvoll genommen und in gut warmen Wasser recht schaumig geschlagen. Besonders schöne Blasen erhielten die Kinder, wenn sie einen Trinkhalm am Ende strahlenförmig aufschlitzten, dann leicht ins Wasser tauchten und ganz langsam und vorsichtig bliesen. Das Staunen ist so groß wie eh und je, wenn die großen, farbig schillernden Kugeln sich vom Halm lösen, aufsteigen, sich miteinander verbinden, um dann im Nu zu zerplatzen.

Anmerkung: Da nicht jeder die Möglichkeit hat, Regenwasser aufzufangen, wenn er es gerade für die Seifenblasenproduktion benötigt, wird man auf Leitungswasser zurückgreifen. Seine unterschiedlichen Härtegrade können das Ergebnis beeinflussen, weshalb sich Experimentieren empfiehlt.

Ditschen

Material: Kleine, glatte, flache Steine.

Spielbeschreibung: Das »Ditschen«, »Blattern«, »Schippern«, »Flözen« oder »Wassermännchen machen« ist ein Spiel, das wohl jedes Kind bei einem Aufenthalt am Wasser einmal gemacht hat. Väter wie Großväter wetteifern noch heute an flachen Seeufern oder am Strand mit ihrem Nachwuchs um die Kunst, glatte, flache Steinchen oder Scherben schräg auf eine Wasserfläche so zu werfen, dass sie mehrmals tanzend abspringen.

Variation: Mit mehreren wird das Ditschen als Wettspiel durchgeführt. Sieger ist, wessen Stein am meisten und weitesten aufschlägt. Der Reiz ist meist so groß, dass mehrere Durchgänge gespielt werden.

Grashalmzirper

Musikalisch geht es zu, wenn die Kinder unterwegs einen Grashalm fest zwischen die Daumen beider Hände einklemmen und auf dessen scharfe Kante blasen. Dabei entstehen zirpende Geräusche. Die Kinder probieren aus, was sich mit Grashalmen noch alles anstellen lässt.

Graswettziehen

Material: Lange, biegsame Grashalme.

Spielbeschreibung: Ein typisch sommerliches Spiel. Jedes Kind reißt sich zu Beginn einige lange, biegsame Grashalme aus. Das erste Kind biegt dann einen Halm zu einem Bogen und fasst seine beiden Enden zwischen Daumen und Finger an. Der Gegner, den es zum Wettziehen auffordert, zieht seinen Halm durch den Halm des Herausforderers, biegt ihn dann ebenfalls zu einem Bogen und ergreift beide Enden. Nun beginnt das Graswettziehen: Beide ineinander verschlungenen Halme spannen sich, und die Spieler ziehen vorsichtig an. Wessen Halm dann reißt, der verliert und muss beide Reste seines Halms dem Sieger als Trophäe übergeben. Der Sieger fordert das nächste Kind zum Wettziehen auf.

Klettern

Spielbeschreibung: Das Klettern war schon immer eine Art »Urspiel« für kleine wie große Kinder. Bäume und Klettergerüste waren schon im 9. Jahrhundert ein fester Bestandteil von Frühlings- und Maifesten. Über ein Jahrtausend hinweg hat sich vielerorts die Tradition erhalten, auch auf Schul- und Schützenfesten eine oder zwei glattgeschälte Tannen aufzustellen. Wer schafft es als Schnellster, den Baumstamm zu erklettern?

Anmerkung: Kinder gehen ihrem Bewegungs- und Kletterbedürfnis fast überall dort nach, wo sich eine Gelegenheit bietet.

Zittermühle

Spielbeschreibung: Sommer, Sonne, Übermut. Zwei gleichgroße Kinder fassen mit ausgestreckten Armen die Hände überkreuz, stellen die Fußspitzen dicht zusammen, lehnen sich zurück – soweit es die Arme erlauben – und schwingen sich schnell und immer schneller werdend herum.

Beim Drehen trippeln die Kinder schnell mit ihren Füßen. Dabei wird z. B. gesprochen: »Die Mühle geht langsam, die Mühle geht schnell und immer schneller, schneller, schneller …«

Irgendwann purzeln beide ins Gras.

Abb. 12: HJ-Pimpfe auf dem »Affenbaum« 1938. Spielgedanke: Wehrertüchtigung.

Abb. 13: 30 Jahre später: Kinder auf dem Stahlrohr-Klettergerüst im Kindergarten (1968).

Blasrohr

Material: Holunderäste; langer, fester Draht zum Aushöhlen.
Spielbeschreibung: Der Vorteil des Holunderstrauchs wurde schon beim »Pfeifenmachen« erwähnt. Seine Äste waren aber auch hervorragender Ausgangsstoff für die Herstellung von Blasrohren. Der weiche Kern eines längeren und geraden Holunderastes wurde ausgestoßen, und schon entstand eine harmlose Schusswaffe. Meist waren getrocknete Erbsen, kleine Steinchen oder Tonkügelchen die Munition, mit der auf Dosen oder eine Holz- bzw. Papierscheibe geschossen wurde.

Was passiert, wenn böse Buben ihr Blasrohr zweckentfremden, hat Wilhelm Busch »trefflich« belegt (Abb. 14).

Abb. 14: »Der Franz mit seinem Pusterohr schießt Bartelmann ans linke Ohr.«
(Wilhelm Busch, Pusterohr) .

Spiele im Sand

Sandkastenspiele ziehen sich durch unser Leben. Oft unbemerkt, doch immer wieder nach dem gleichen Grundmuster: Eine Idee entsteht, wird in Gedanken durchgespielt, für gut erachtet oder wieder verworfen. Die Planungs- und Modellspiele im Sandkasten spielen wir als Erwachsene zumindest in Gedanken heute noch. Wir kommen ohne sie nicht aus – gleich, in welchem gesellschaftlichen, wirtschaftlichen, politischen oder militärischen Bereich. Das meiste in unserem Alltag wird in Gedanken »durchgespielt«, bevor wir es in die Tat umsetzen.

Das Spiel mit dem Sand, ob in der Sandkiste, am Sandhaufen in der Ecke des Gartens oder an öffentlichen Spielplätzen aufgeschüttet, gehört seit jeher zu den besten, fantasieanregendsten und noch dazu billigsten Spielmöglichkeiten für Kinder.

Schon im Mittelalter liebten Kinder den Sandhaufen, das Spiel mit Ziegelmehl, feuchtem Lehm und Ton, spielten damit Kaufmann und boten das reichlich vorhandene Naturmaterial als »Safran, Ingwer und Süßwurz« an. Der Dichter und Pädagoge Jean Paul (1763–1825) schlug in seiner Erziehungslehre (Levana) »*reinen Sand*« als universales Spielmittel vor, »*weil er in der Form nichts ist und von den Kindern zum Bauen, Werfen, Wasserfall, Schreib- und Malergrund verwendet werden kann*«.

Über Jahrtausende hinweg ist dieses von Regeln freie Spiel der Kinder im Wesentlichen dasselbe geblieben, unberührt von kulturellen und politischen Ereignissen. Viele Hundert Stunden kreativer Spiele werden in der Sandkiste von Kindern gestaltet. Sie wühlen und spielen mit oder ohne Schaufel, Löffel, Eimer und Bechern, füllen Sand um, sieben und backen Kuchen. Wie die Ameisen laufen die Kinder auf ihrem Erdhaufen umher, schaffen und bewegen sich. Sie haben ihre Gefäße zur Hand, füllen, messen, tragen fort, schütten aus, als wären es kostbare Materialien, Speisevorräte und Mehl, das zu zahllosen Kuchen, Brötchen und Sandtorten verarbeitet wird. Ein Kind gräbt einen Brunnen, ein anderes formt einen Fluss, wieder andere Kinder bauen Burgen, Häuser, Straßen, errichten Murmeltürme, »beerdigen« tote Insekten und legen Blumenbeete an. Einige Kinder formen Figuren, graben eine Höhle, bauen kleine Fallgruben, die sie mit Stöcken, Gräsern und Blättern bedecken. Bei dieser spielerischen Betriebsamkeit kommen heute wie damals kleine Steine, Stöcke, Ziegelstücke, Holzabfälle, Sammelgegenstände aus der Hosentasche, ausrangierte Teile aus Mutters Haushalt und gekaufte Spielzeuge zum Einsatz. Der kindlichen Fantasie sind keine Grenzen gesetzt. Der Erwachsene sollte sich aus diesem erlebnisintensiven Spiel weitgehend zurückhalten, die Rolle des Beobachters einnehmen und sich möglichst nur dann einbringen, wenn dies vom Kind gewünscht wird. Die ungebrochene Kraft der Sandspiele hat ihre Ursache im unstrukturierten Material. Es bietet dem Kind die Möglichkeit, ständig zu verändern und umzudeuten. Nicht die Reproduktion, son-

Abb. 15: Peter Thiesen 1953.

Abb. 16: Sohn Felix 1993.

dern die eigene Ausdruckskraft steht bei diesem Spiel im Vordergrund. So wird von Kindern immer wieder aufgenommen, was auch aus der Kinderwelt kommt.
Material: Sandspielzeug und Naturmaterialien.

Fantasielandschaften und -gebilde aus Sand, Lehm, Steinen, Rinde und Moos

Für das Bauen im Freien und in der Natur benötigen die Kinder viel Zeit. Aus Sand, Steinen, Lehm, Holz, Wurzeln, Baumrinde, Moos und getrocknetem Gas entstehen richtige kleine Traumgebilde. Auf dem »Baugelände« Waldboden mit Moos und Gras werden kleine Mooshäuschen errichtet. Sie verfügen über Ställe, einen Garten, Bäume, Blumen und anderes Zubehör. Die Seitenwände der Häuser werden, je nach vorhandenem Naturmaterial, aus flachen Steinen oder zwei Stöckchenreihen gebildet, in die die Kinder lockeres Gras stopfen. Als Dächer dienen z. B. Rindenstücke oder Moosplatten. Das Dachgebälk besteht aus Ästen.

Aus Sand und Wasser bauen die Kinder jeder für sich oder gemeinsam kleine Gebäude, die durch Ästchen, Kieselsteine und Pflanzenreste ergänzt und ausgeschmückt werden. Türme, Gänge, Treppen und Tore werden angesetzt und ausgehöhlt. »Baukunstwerke« dieser Art lassen sich besonders gut im Garten und auf dem Gelände des Kindergartens herstellen. Je nach örtlicher Lage suchen wir mit den Kindern flache Steine, Kiesel oder auch Lehmbrocken. In Kreisform werden z. B. die Steine oder Lehmbrocken aufeinandergeschichtet, wobei die Kreise nach oben hin immer kleiner werden und hüttenähnliche Steintürmchen entstehen. Natürlich lassen sich auch, je nach Talent der Baumeister, kleine Lehmpaläste zaubern.

In der Sandkiste ziehen die Kinder verschiedene Gräben und Mulden, die sie mit Plastikfolie auslegen. Dann füllen sie Wasser ein, und eine »Seelandschaft« entsteht.

An ihren Ufern wachsen Bäume und Büsche, es gibt Brücken und ein Boot, in dem Menschen dahingleiten. Vom Spaziergang haben wir Rinde mit nach Hause gebracht. Sie lässt sich im Sandkasten sehr gut als Baumaterial verwenden: für Dächer, Wände, Treppen und Brücken.

Auf einem anderen Waldspaziergang haben sich die Kinder vorgenommen, nach allerlei Wurzeln und geformten Holzteilchen Ausschau zu halten, die sich manchmal halb verwittert am Boden finden. Auch knorrige Äste und Rinden werden gesammelt. Zu Hause wird die Sammlung auf Zeitungsbögen ausgebreitet und betrachtet. Unter leichtem Hin- und Herdrehen und gegen das Licht betrachtet, erkennt das fantasievolle Auge merkwürdige Wesen, wundersame Wurzelgeschöpfe, Hexen, Wichtel, Trolle, Kobolde, Geister, Schlangen und Zwerge. Für diese Figuren, die angeblich im Wald zwischen den Baumwurzeln hausen, können sich die meisten Kinder begeistern. Sie stellen sich diese kleine Welt in Gedanken vor und bauen sie manchmal im Sandkasten aus den mitgebrachten Utensilien nach.

»Kinder sind der Natur noch ganz nahe, sie sind die Vettern von Wind und Meer: Aus ihrem Stammeln kann einer, der es versteht, weite und vage Lehren entnehmen.«

Jean-Paul Sartre

Pusteblume

Die Natur bietet zahllose Spielanlässe. Die aus dem Löwenzahn entstehende »Pusteblume« hat Kinder schon immer zum Spielen angeregt.
Spielbeschreibung: Jeder pflückt sich Pusteblumen und pustet die Samen so weit wie möglich weg. Den Flug der Samen verfolgen wir. Wer möchte, steckt kleine Stöcke oder Fähnchen dorthin, wo sein Pusteblumenfallschirm gelandet ist. Wessen Fallschirm ist besonders weit geflogen?

Wassermusik

Material: Verschiedene Becher, Eimer, Flaschen, Schüsseln, Gießkannen aus Blech und Plastik, Plastikschläuche und anderes mehr.
Spielbeschreibung: Kinder haben schon immer mit allen nur erdenklichen Gegenständen »Musik« gemacht. An warmen Tagen findet ein feuchtfröhliches Konzert statt, für das der Erwachsene den Kindern draußen verschiedene Wasserbehälter zur Verfügung stellt. Sie sind leer, können aber auch mit Wasser gefüllt werden. Mit die-

ser »Instrumentierung« veranstalten alle ein variationsreiches, feuchtfröhliches Konzert. Als Behälter eignen sich z. B. verschiedene Becher, Eimer, Flaschen, Schüsseln, Gießkannen aus Blech und Plastik, Plastikschläuche und anderes mehr. Dass sich alle Orchestermitglieder für dieses Vorhaben entsprechend kleiden, ist wohl selbstverständlich.

Schwammdrücken

Material: Pappbecher, Schwämme, mit Wasser gefüllte Schüsseln.
Spielbeschreibung: Jedes Kind erhält einen Pappbecher und einen Schwamm. Dann werden 2–3 mit Wasser gefüllte Schüsseln aufgestellt. Auf ein Zeichen taucht jedes Kind seinen Schwamm ins Wasser und drückt ihn in seinen Becher aus, bis dieser gefüllt ist. Wer ist der schnellste Schwammdrücker?

Äpfelangeln

Material: Schüssel mit Wasser, je Spieler 1–2 Äpfel.
Spielbeschreibung: Ein Spiel, das meist auf Geburtstagen während der warmen Jahreszeit im Freien gespielt wurde. In eine mit Wasser gefüllte Schüssel legen wir einen Apfel. Nacheinander versucht jetzt jedes Kind, den Apfel mit den Zähnen aus dem Wasser zu holen. Die Hände bleiben dabei auf dem Rücken verschränkt. Die anderen zählen unterdessen bis 15. Ist es bis zu diesem Zeitpunkt nicht gelungen, den Apfel herauszuziehen, kommt ein anderes Kind an die Reihe. Am Ende findet ein gemeinsames Apfelessen statt.

Obsternte

Spielbeschreibung: Wer in seiner Kindheit im elterlichen Garten beim Obstpflücken half, wird noch wissen, wie schön es war, mit den Kirschkernen zu schnippen, die man sich zuvor in die Hand gespuckt hatte. Die rot bespritzten Hemden und Hosen lösten dann jedoch eher Ärger bei den Erwachsenen aus. Da war das Kirschkernweitspucken auf eine Pappscheibe oder den Komposthaufen als Zielort schon wesentlich harmloser. Und wem kommen nicht der »spannenlange Hansel und die nudeldicke Dirn« in den Sinn, wenn der Obstgarten ohne Erlaubnis besucht wurde. Wenn es mit dem Hinaufklettern auf den Baum nicht klappte, wurde halt nach dem Obst geworfen, und mancher kleine Mund holte sich an den noch halb reifen, sauren Äpfeln stumpfe Zähne.

Pflastermaler

Material: Malkreide, Pinsel, Wasserfarbe, Eimer mit Wasser.
Spielbeschreibung: Im Sommer werden die Pflastermaler aktiv. Bilder, Muster und Sprüche werden entweder mit Malkreide oder mit Pinsel und Wasserfarbe auf Gehwegen oder asphaltierten Höfen aufgemalt. Während die Wassermalerei bei großer Hitze schon nach wenigen Minuten verschwindet, schmücken die Kreidezeichnungen noch nach Tagen die Umgebung.

Herbst

Herbstfrüchte, Dunkelheit und Wind

Ausgangsmaterialien und Anlässe für die typischen Herbstspiele der Kinder waren Herbstfrüchte und Blätter, die zunehmende Dunkelheit und der Wind. Aus Herbstfrüchten wie Eicheln und kleineren Kastanien, die auf festes Garn gezogen wurden, entstanden dicke Ketten. Etwas feiner fielen die Ketten aus getrockneten Bohnen, Apfelkernen oder Hagebutten aus. Heute noch gehören Figuren und Tiere aus Kastanien, die auf Streichholzbeine gestellt werden, zum festen Bestandteil herbstlicher Spiele. Die gesammelten gelben, roten, braunen und grünen Herbstblätter werden zu Collagen arrangiert oder zu Gestecken verflochten. Und wenn gegen Oktober die umfangreichen Gartenabfälle zum Kartoffelfeuer aufgetürmt werden, in dem sich die Kinder ihre Kartoffeln rösten können, dann erinnert man sich auch wieder an die Kartoffel als Druckstock für den Kartoffeldruck, mit dem die Kinder allein oder unter Anleitung Stoffe, Geschenkpapier, Glückwunschkarten oder Briefe bedruckten.

Laternenzeit

Wenn im September die Abende lang wurden, zogen die Kinder einzeln oder in Gruppen mit ihren bunten Papierlaternen durch die Straßen und sangen Liedchen, wie dieses aus Lübeck stammende Laternenlied aus dem 19. Jahrhundert:

»Sonne, Mond und Sterne,
Ich geh' mit meiner Laterne,
Meine Laterne ist hübsch und fein,
Drum geh' ich mit ihr ganz allein.«

Laternenzeit ist von Ende September bis in den Dezember hinein. Am 11. November wird das Martinsfest mit Martinsgänsen, Martinsfeuern und anderen volkstümlichen Bräuchen gefeiert. In vielen Gegenden ist es auch ein Festtag für die Kinder. Sie ziehen mit ihren Laternen umher und singen z. B.:

»Laterne, Laterne, Sonne, Mond und Sterne,
Brenne auf, mein Licht, brenne auf, mein Licht,
aber nur meine liebe Laterne nicht.«

Auf dem Lande waren die Laternen nicht immer aus buntem Papier gemacht oder im Laden gekauft, sondern zum Teil aus einem ausgehöhlten Kürbis bzw. aus einer Zuckerrübe angefertigt, in denen ein Talglicht steckte.

Der schöne Brauch des Laternelaufens ist in letzter Zeit wieder verstärkt aufgelebt. In manchen Gegenden gibt es auch unterschiedliche Anlässe zu solchen Laternenfesten. In Nürnberg z. B. wird zur Zeit des Christkindelmarktes das Lucia-Fest mit einem Laternenumzug der Kinder gefeiert, und in Mainz gibt es zum Nikolaustag am 6. Dezember einen großen Laternenumzug. Die Freude der Kinder erhöht sich jedes Mal, wenn die Erzieherinnen im Kindergarten und die Eltern mithelfen, das Fest vorzubereiten und mit den Kindern gemeinsam Laternen anfertigen.

Spiele mit dem Wind

Das Steigenlassen von Papierdrachen war eine herbstliche Selbstverständlichkeit. Gottfried von Leinburg (1825–1893) schrieb in seinem 1909 in Lübeck erschienenen Buch »Das Paradies meiner Kindheit«: »*Niemand konnte über die Rückkehr des Vaters froher sein als ich. Jetzt durfte ich ihn wieder allabendlich begleiten, er half mir, den schönen Drachen steigen lassen, den mir die Mutter um sechs Groschen von meinem Schulkameraden Fr. Zehetmayer gekauft hatte …*«. Damals warnten die Eltern ihre Kinder, auf Strom-Überlandleitungen zu achten. Heute müssen Eltern ihre Kinder in der Großstadt, wenn sie in der Nähe eines Flugplatzes wohnen, auf die Flugzeuge hinweisen. So sind zumindest die Einschränkungen für das Drachensteigen geblieben. Windspiele im Freien haben bei Kindern eine besondere Stellung. Die Wirkungen des Windes, sein Sausen und Pfeifen, das Rauschen der Bäume, das Wirbeln der Blätter ist für Kinder immer wieder beeindruckend. Es kommt zu einfachen Spielen: Die Kinder laufen wirbelnden Blättern hinterher, toben und verstecken sich in Laubhaufen, lassen Papierstückchen fliegen und versuchen, die Fetzen im Flug mit den Händen zu fangen.

Windräder

Material: Zirkel, Bleistift, Lineal, Karton oder Tonpapier.
Spielbeschreibung: Im Handumdrehen ist ein Windrad hergestellt. Die Kinder zeichnen mit einem Zirkel (unterschiedliche Durchmesser sind möglich) einen Kreis auf Karton- oder Tonpapier und schneiden

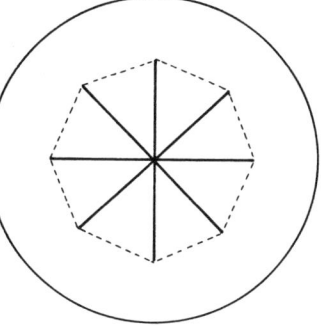

ihn aus. Ein zweiter Kreis wird gezogen. Von diesem Kreis zieht man zum Mittelpunkt hin in gleichem Abstand 8 Linien. Die durchgezogenen Linien werden eingeschnitten, die gestrichelten immer abwechselnd umgeknickt, eine nach außen und eine nach innen. Um die Windrädchen in Bewegung zu setzen, werden sie aus Augenhöhe fallen gelassen und dem Spiel des Windes ausgesetzt.

Winter

Spiele im Schnee

Als die Winter noch richtige Winter waren, bedeutete Winterzeit auch stets Schlittschuhzeit, Schlittenfahren, Eislaufen, Schneeballschlacht und Schneemannbauen. Für die Kinder war es ein Festtag, wenn die Mutter die dicken Jacken hervorkramte, die Schlittschuhe aus der Kiste und den Schlitten aus dem Stall holte.

Noch im 18. Jahrhundert gab es rigide Gesetze und polizeiliche Maßregelungen, die winterliche Spiele gänzlich verboten. So war den Alumnen der Neckarschule in Heidelberg das Schlittschuhfahren und Schleifen sowie das Schneeballwerfen bei »Ruthenstrafe« untersagt. Gegen Ende des 18. Jahrhunderts erließ Kurfürst Clemens Wenzel zu Trier ein generelles Schlittschuhlaufverbot auf dem Rhein und drohte Zuwiderhandelnden mit öffentlichen Auspeitschungen in den Rathäusern. Die unsinnigen Gesetze sind ebenso wie ihre Erfinder längst Episode; geblieben ist die ungebrochene kindliche Freude am Winterspiel.

Material: Warme Winterkleidung, Kinderschaufeln, Schlitten.
Frischer Schnee lädt Kinder immer wieder zum Bauen ein. Im Nu entstehen im Vorgarten, auf einer Wiese, im Park oder im Kindergarten Schneemänner, Fantasiefiguren oder Bollerköpfe. Jeder spielt Bildhauer und versucht, einen markanten Kopf aus Schnee zu formen. Damit er länger hält, wird er mit Wasser begossen. Andere Kinder üben sich beim Bau einer Eskimohütte. Berge und Schlösser werden geformt und mit verdorrten Zweigen, Steinen und Eiszapfen ausgeschmückt. Wenn der erste Schnee gefallen ist, zeichnen die Kinder auch gerne Fußstapfenmuster in die noch dünne Decke auf Wegen und Rasenflächen. Sich im Schnee zu wälzen und zu rutschen macht genauso Spaß wie nachfolgende Fußgänger in Erstaunen zu versetzen. Die Kinder hinterlassen ganz merkwürdige Spuren von Wesen, deren Füße mal auswärts, mal einwärts gerichtet sind, die sich hüpfend und springend oder nur auf einem Bein fortbewegen.

Um den großen Schneemann zu tanzen, ist fast so schön wie das Erklettern einer aufgeschaufelten Schneemauer, und das Rodeln wird noch genussvoller, wenn eine Hindernisstrecke aufgebaut wird, die es mit dem Schlitten zu umfahren gilt.
Anmerkung: Angesichts der heute spürbaren Klimaverschiebungen können Kinder vielerorts nur noch vom Schnee und einer zünftigen Schneeballschlacht träumen, dabei scheint er extra für Kinder gemacht zu sein.

Spiele und Beschäftigungen in der warmen Stube

Auf dem Lande wurden im Winter von den größeren Jungen, sobald sie mit Messer, Bohrer und Säge halbwegs umgehen konnten, Spielsachen geschnitzt. Aus weichen Holzklötzchen, Brettern und Stäben entstanden so Häuser, Tische, Stühle, Pferde, Hunde und Schafe, kleine Wagen und Pflüge, mithilfe von Laubsäge und Messer sogar Hampelmänner und Musikinstrumente. Diese typischen »Kinder- und Jugendbeschäftigungen« waren echtes Spiel und nicht etwa Arbeit. Pervertiert wurde diese Freude am spielerischen Gestalten nur dort, wo sie – oft der Not gehorchend – zur häuslichen Kinderarbeit für die Spielwarenindustrie verkümmerte. Gemalt wurde auch schon immer gerne. Das Papier allerdings war im 19. Jahrhundert eine noch recht kostspielige Angelegenheit. Statt mit Papier und Blei- oder Buntstiften vergnügte man sich zeichnerisch auf der Schiefertafel. Ende des 19. Jahrhunderts waren besonders Holzschnitte und Bilderbögen bei den Kindern beliebt, die sich ausmalen ließen, ebenso das Ausstechen von Figuren und das Spiel mit dem Baukasten, dessen Innenleben aus Holz- oder Steinfiguren bestand.

Seit Urgroßvaters Zeit waren auch Schattenspiele eine typische Winterbelustigung in der guten Stube. Wenn die Kinder noch etwas Zeit bis zum Schlafengehen hatten und das Bedürfnis nach etwas »Neuem« bestand, dann legten Vater oder Mutter die Hände in-und übereinander und zum Schein der Petroleum- oder Gaslampe erschienen an der weiß getünchten Wand merkwürdige Schattenbilder. Mal war es ein Kopf mit Mütze, dann ein Hase, Schwan oder gar ein gefräßiger Wolf. Ob Hand-, Menschen- oder Figurenschatten, es galt zumeist, aus der Form und Schattenbewegung entsprechende Darstellungen zu erraten.

Betuchtere Familien besaßen eine Camera obscura bzw. eine Laterna magica, mit denen Bilder an die Wand gezaubert wurden. Der geheimnisvolle Vorgang der Projektion aus Bild, Licht und Transparenz beflügelte dabei sicherlich die Fantasie der Zuschauer. Um die Weihnachtszeit herum wurden neben den auf den Seiten 130–190 beschriebenen Spielen vor allem auch Brett- und Tischspiele wie Dame, Mühle, Halma, Pachisi (seit den 30er-Jahren unter der Bezeichnung »Mensch ärgere dich nicht« bekannt) gespielt. Einige der ältesten »Zimmerspiele« finden Sie in den Kapiteln 4.8 bis 4.11 dieses Buches.

»Kinder sind oft allein, auch wenn sie gar nicht allein sind. Sie spielen in einer Hülle von Unbekümmertheit, die nur selten zerreißt: Wenn sie Hunger haben oder sonst etwas wichtiges wollen.«

Kurt Tucholsky

4.2   Ene, mene, Tintenfass – Abzählreime vor den Regelspielen

Kinderreime sind älteste Volkspoesie. Die ursprüngliche mündliche Überlieferung hat sie über viele Jahrhunderte lebendig gehalten. Die eigentlichen Schöpfer waren – und sind auch heute noch – spielende Kinder. Echte Kinderverse sind albern, respektlos und ausgelassen. Sie nehmen Autoritäten auf den Arm, verballhornen Pädagogik und Politik, sind »ungezogen«, frech bis bösartig. Zugleich zeugen sie aber auch von Fantasie und einer eigenen kindlichen Reimtradition. Dort, wo nachgedichtet oder für Kinder gereimt wurde, wirken alte Reime heute auf uns eher kindtümelnd und penetrant. Die »güldenen Brünnlein« und »blitzenden Äugelein der lieblichen Kindelein« waren oftmals das »Falschgeld« der Erwachsenen, mit dem man eine kinderfeindliche Umwelt ad absurdum führen wollte.

   Der Reichtum an alten Abzählversen ist recht groß. Sie waren stets eine Art Auslosung, die immer gesprochen und nicht gesungen wurde. Abzählreime gehören zu den ersten spielerischen Versuchen im Reimen und Erzählen. Sie haben häufig einen epischen Charakter und halten wie beim Hokuspokus der Zauberer und Taschenspieler die Zuhörer in Spannung. Noch heute entscheiden spielende Kinder durch das Ab- bzw. Auszählen in einem kleinen Ritual, wer dran ist.

Ene, mene Tintenfass!
Geh' zur Schul' und lerne was!
Wenn du was gelernet hast,
komm nach Haus und sag mir das.
Eins, zwei, drei,
du bist frei.

Hexe, Hexe Kaukaukau,
steckt die Nase in Kakao!
Hol sie wieder raus
und du bist aus.

Eins, zwei, drei, vier, Finkenstein,
wer nicht will, der muss sein.

Eine kleine Dickmadam
fuhr einst mit der Eisenbahn.
Eisenbahn, die krachte,
Dickmadam, die lachte.
Eins, zwei, drei,
du bist frei.

1, 2, 3, 4 – Eckstein,
alles muss versteckt sein.
Hinter mir und vor mir,
das gibt es nicht!
1, 2, 3 – ich komme.

Zippe, Zapp,
Knopf ist ab.
So ein Dreck –
du bist weg.

Eine kleine Piepmaus
Lief ums Rathaus.
Schillewipp, Schillewapp,
Du bist ab.

Ene, mene, ditsche, datsche,
eene in die Fresse klatsche,
eene noch dazu
und ab bist du.

1, 2, 3, 4, 5, 6, 7, 8,
die Stube kracht,
das Haus fällt ein
und du musst sein.

Ene, mene, miste,
es rappelt in der Kiste.
Ene, mene, meck
und du bist weg.

1, 2, 3,
auf der Treppe liegt ein Ei.
Wer darauf tritt,
spielt nicht mehr mit.

Ene, mene, mink mank,
micke, dicke, ding, dang,
eia, weia, weg!

Leberwurst und Schinkenspeck,
wer der Letzte ist, muss weg.

Eins, zwei, drei,
Butter in den Brei,
Salz auf den Speck –
du musst weg!

Eck, Dreck, Speck,
du bist weg.
Eins, zwei, drei, vier, fünf, sechs, sieben,
wo ist denn mein Schatz geblieben?
Ist nicht hier, ist nicht da,
ist wohl in Amerika.

Ene, mene, mu
und ab bist du,
ab bist du noch lange nicht,
musst erst sagen, wie alt du bist!
(Das angesprochene Kind nennt
sein Alter, z. B. 6 Jahre. Es wird weiter bis 6
abgezählt und das 6. Kind scheidet aus.)

Itzli-pitzli-Rabenfuß
rate mal, wer suchen muss!
Itzli-pitzli-buh,
nämlich du.

Auf einem gelben Butterberg,
da saß ein großer dicker Zwerg.
Da kam die Sonne eins zwei drei,
und schmolz den Butterberg entzwei.
Oh weh, der Schreck, da war er weg.

Um was wollen wir wetten?
Um drei goldene Ketten,
um eine Flasche Wein,
und du musst sein.

Ene bene subtrahene,
divi davi domino,
Eck, Speck, Dreck
und du bist weg.

Ene mene Minzen,
wer backt Plinzen,
wer backt Kuchen,
der muss suchen.

Eine, beine, Nuss,
Wer nicht rennt, der muss!

Ich und du
Müllers Kuh,
Müllers Esel,
der bist du.

Über mein Haus
läuft eine kleine Maus.
Dann tripp, dann trapp
und du bist ab.

Eene beene Rätsel,
wer backt Brezel?
Wer backt Kuchen?
Der muss suchen.

Ele mele muh,
Fritz sien Fru,
Fritz sien Esel,
dat büst du.

Fideriz und fideratz,
die Maus ist kein Spatz,
der Spatz ist kein' Maus,
und du bist raus.

1, 2, 3, – zuckersüß Ei,
zuckersüß Lutscherbuddel,
du bist frei.

1, 2, 3, 4, 5, 6, 7, –
eine alte Frau kocht Rüben,
eine alte Frau kocht Speck, –
und du bist weg.

Käfer, flieg ins Bäckerhaus,
hol ein' Korb mit Kuchen raus.
Mir ein', dir ein',
und du sollst der Käfer sein.

Blauer, blauer Fingerhut,
gelber, gelber Schäferhut
blühen alle Tage.
Henny, du sollst tanzen.
Henny, du sollst Knickse machen
und dir einen wählen.
Diesen, diesen mag ich nicht,
diesen, diesen will ich nicht.
Diesen will ich haben.

1, 2, 3, 4, 5, 6, 7,
Sauerkraut und Rüben,
die haben mich vertrieben.
Hätt' meine Mutter Fleisch gekocht,
wär' ich bei ihr geblieben.

1, 2, 3, 4, 5, –
strick mir ein Paar Strümpf!
Nicht zu groß und nicht zu klein
sonst musst du der Fänger sein.

1, 2, 3, 4, 5, 6, 7, 8, 9
Wie heißt dein kleiner Freund?
Johannes!
Johannes hat ins Bett geschissen,
gerade aufs Paradekissen!
Mutter hat's gesehen,
und du kannst gehen.

Eins, zwei, drei,
die Henne legt ein Ei.
Der Hahn, der steht dabei
und freut sich übers Ei.
Da holt's die gute Mutter
und rührt's mit Mehl und Butter.
Sie backt dir einen Kuchen:
dafür kannst du jetzt suchen.

Ein Bauer ließ ein Rad beschlagen,
Wieviel Nägel muss er haben?
Rate du!
(Derjenige, auf den die letzte Silbe
fällt, nennt eine beliebige Zahlenreihe,
die vom Sprecher durchgezählt wird.
Der letzte ist »dran«.)

Abraham und Isaak,
die schlugen sich mit Zwieback,
der Zwieback brach entzwei,
Abraham kriegt das Ei.

In Itzehoe
Da ist das so
Da haben die Mädchen
'n Glaspopo.

Hinter einer Lokusmauer
Saß der Doktor Adenauer
Hatte kein Papier
Raus mit dir!

Auf einem Gummi-Gummi-Berg,
da wohnt ein Gummi-Gummi-Zwerg,
der Gummi-Gummi-Zwerg
hat eine Gummi-Gummi-Frau,
die Gummi-Gummi-Frau
hat ein Gummi-Gummi-Kind,
das Gummi-Gummi-Kind
hat ein Gummi-Gummi-Kleid,
das Gummi-Gummi-Kleid
hat ein Gummi-Gummi-Loch,
und du bist doch!

In einem kleinen Tintenfass,
da saß ein kleiner Herkulas.
Wie sah er aus?
Blau!
(Das Kind, an dem es gerade ist,
sagt eine Farbe.)
Hast du Blau an dir,
so sag es mir!
(Wenn ja, so ist das Kind draußen.)

Eine kleine Spitzmaus
lief in das Rathaus,
wollte sich was kaufen,
hat sich dort verlaufen.

I – A – U – wie heißt du?
Karin! (jeweils der Name des Kindes)
Karin ist ein schöner Name,
Karin möcht' ich heißen,
Karin hin und Karin her,
Karin ist ein Zottelbär.

Ein Eis zu zehn,
und du kannst gehn.

Eine kleine Mickymaus
zog sich ihre Hosen aus,
zog sie wieder an
und du bist dran!

Ene mene mopel
Wer frisst Popel?
Süß und saftig
Einemarkundachtzig
Einemarkundzehn
Und du kannst gehn.

Kaiser, König, Edelmann,
Bürger, Bauer, Bettelmann,
du bist nicht, doch du bist dran.
Zehn Polizisten
hüpfen in die Kisten,
hüpfen wieder raus,
und du bist draus.

Richard und die Gisela
fliegen nach Amerika,
über Wiesen, über Felder,
über Berge, über Wälder,
fliegen über unser Haus.
Eins zwei drei,
und du musst raus.

An der chinesischen Mauer
wohnt ein chinesischer Bauer,
hat zwei Ochsen und eine Kuh,
der chinesische Bauer bist du.

Auf dem Klavier
steht ein Glas Bier,
wer daraus trinkt,
der stinkt.

Ilse Bilse
niemand will se,
kam der Koch
und nahm se doch.

4.3 Räuber und Gendarm, Schattenfangen, Spurensucher – »Greifches spielen«, Laufen, Fangen, Haschen, Verstecken und Suchen

Laufspiele haben schon immer das ganz elementare Bewegungsbedürfnis von Kindern befriedigt. Wettläufe gehörten zu den fünf klassischen Übungen der Olympischen Spiele in der Antike. Ursprünglich sollen Wettläufe dem einzuholenden Frühling gegolten haben, und in England wurden alljährlich unter Vorsitz des Lordmajor der einzelnen Städte Osterwettläufe für die Schuljugend durchgeführt. Unser heute noch auf Geburtstagen und Kinderfesten praktiziertes Eierlaufen – auch wenn es vorsichtshalber mit Tischtennisbällen oder Kartoffeln durchgeführt wird – ist so ein spielerisches Relikt aus uralter Zeit.

Die Bewegungsspiele der Kinder fanden fast ausschließlich im Freien statt und nahmen die später schulmäßig betriebenen »Leibesübungen« und das »Turnen« vorweg. Laufen, Haschen, Fangen, Kriegen, Greifches spielen, Verstecken mit und ohne Anschlagen, Treibballspiele, Hinkfuß, Bocksprünge, Hüpfen und Kesseltreiben sind nur einige der Klassiker, die bereits in der Literatur des 18. Jahrhunderts als überaus beliebte Kinderspiele zur Befriedigung »des unstillbaren Bewegungsdranges« erwähnt werden. Waren diese volkstümlichen Spiele vorwiegend bei den Kindern auf dem Lande beliebt, so spielten z. B. die Mädchen in »höfischen Kreisen« Spiele wie »Federball«, »Blindekuh« und »Verwechselt das Bäumchen«.

Lange Zeit vor Einführung der Demokratie haben Kinder in ihren Bewegungsspielen demokratische Formen des Zusammenlebens eingeübt. So sind beim Laufen, Fangen und Verstecken wie beim Reigenspiel alle Spieler gleichberechtigt. Das Zusammenspiel regelt sich von selbst. Jedes Kind nimmt seinen Platz ein, ohne sich unterzuordnen. Beim Abzählreim entscheidet der Zufall, wer an der Reihe ist, und bei den Kreisspielen geht es der Reihe nach. Da jeder einmal die begehrte Rolle spielen darf, findet sich auch jeder bereit, unbequeme Aufgaben zu übernehmen. Eines der ältesten Laufspiele für Kinder ist »Wer fürchtet sich vorm schwarzen Mann?« Es ist als Überbleibsel der »Pest- und Totentänze« nachgewiesen, die im Mittelalter gesellschaftlich üblich waren. Auf Merians Kupferstich vom Baseler Totentanz (1621) wurde dem Tod als Spruch an den Dudelsackbläser in den Mund gelegt: »Was wölln wir für ein Tänzle haben, den Bettler oder schwarzen Knaben?«

Laufen und Fangen

Anticken

Spielbeschreibung: Ein Kind hat die Aufgabe, beliebig viele Kinder zu verfolgen. Die Kinder laufen in ein Mal. Hier dürfen sie nicht angetickt werden, sondern erst, wenn sie das Mal wieder verlassen.

Räuber und Gendarm

Spielbeschreibung: Wohl alle Jungen und Mädchen kennen dieses Spiel, bei dem es darum geht, dass die versteckten Räuber von den Gendarmen gesucht und eingefangen werden. Die Gefangenen kommen ins Gefängnis, einen vor Spielbeginn bestimmten Ort. Besonderen Spaß macht es, unterwegs zu entwischen. Wer zuletzt eingefangen wird, ist Räuberhauptmann bzw. Räuberhauptfrau. Das eigentliche Spiel ist zu Ende, wenn alle Räuber gefangen sind.

Variationen: In den Spielesammlungen von Ambros (1874), Jacob (1865) und Wagner (1896) endete das Spiel mit einer Hinrichtungsszene. Die Räuber wurden im Gefängnis verurteilt und hingerichtet: entweder erschossen, wobei sie mit verbundenen Augen niederknieten und beim »Puff« der Gendarmen umfielen oder sie wurden enthauptet, indem ihnen die Mütze oder ein aufgelegter Stein vom Kopf geschlagen wurde. Die erschossenen und geköpften Räuber erlebten ihre Auferstehung als Gendarmen, und ein neues Spiel mit getauschten Rollen begann.

Luh-Fangen

Spielbeschreibung: Ein Kind wird als Fänger abgezählt. Es wartet, bis sich die anderen Spieler etwas von ihm entfernt haben. Dann läuft es los, um einen Mitspieler anzuticken. Vor Beginn wird ein Ort bzw. Gegenstand als »Luh« ausgemacht; z.B. ein Laternenpfahl, ein Zaun, eine Wand oder ein Baum. Wird nun ein Kind vom Fänger gejagt, versucht es das »Luh« zu erreichen und zu berühren, weil es dann nicht getickt werden kann.

Zauberfangen

Material: Zauberstab (Ast oder bunt bewickelter Stock).
Spielbeschreibung: Auf einem eingegrenzten Spielfeld versucht ein »Zauberer«, mit seinem Zauberstab die anderen Mitspieler in Bäume zu verwandeln. Wer zum Baum wird, bleibt fest am Boden stehen, benutzt aber die Arme als Äste. So kann den anderen Spielern geholfen werden, die sich hinter einem der Bäume verstecken. Ist eine bestimmte Anzahl von Spielern verzaubert, übernimmt ein anderer die Rolle des Zauberers.

Storch und Frösche

Spielbeschreibung: Ein altes Fangspiel aus Sachsen und Schleswig-Holstein. Die »Frösche« umhüpfen in kauernder Stellung den »Storch«. Dieser muss auf einem Bein hüpfend versuchen, einen Frosch zu fangen. Gelingt es ihm, muss der Gefangene ihn ablösen.

Bäumchen, wechsel dich!

Material: Eventuell Pflöcke, Stöcke oder anderes Kennzeichnungsmaterial.
Spielbeschreibung: Sind zwanzig Kinder da, müssen für dieses Spiel neunzehn Bäume (oder Pflöcke) vorhanden sein, also immer ein Baum weniger als Spieler da sind. Jeder

Spieler stellt sich an einen Baum. Einer stellt sich in die Mitte und ruft: »Bäumchen, Bäumchen, wechsel dich!« – Jeder muss nun zu einem anderen Baum laufen (wechseln). Wer es nicht macht, muss das nächste Mal in der Mitte stehen. Das in der Mitte stehende Kind wird natürlich versuchen, einen Baum zu bekommen.

Torwächter

Material: 2 Eimer, Körbe oder Stangen.
Spielbeschreibung: Mit zwei Plastikeimern markieren wir eine Torlinie von etwa 2 m Breite. Die Kinder wählen den ersten Torwächter und versuchen dann, durch das Tor zu laufen. Gelingt es ihnen, laufen sie wieder zurück. Wer vom Torwächter gefangen wird, scheidet aus. Das letzte Kind wird dann der nächste Wächter.

Blumenfassenkrieger

Spielbeschreibung: Ein altes Gemeinschaftsspiel, das schon Vier- und Fünfjährige gerne spielen. Ein Kind wird von den Mitspielern durch Abzählreim als Fänger ausgezählt. Jetzt muss jeder wegrennen, um nicht erwischt zu werden. Ist der Fänger schon sehr nah, so ruft man einen beliebigen Blumennamen und kniet sich rasch hin. Man darf allerdings nicht »Rose« oder »Tulpe« sagen, sonst ist derjenige an der Reihe, der dies sagt, und der andere kann auch weglaufen. Allerdings darf er nicht die ganze Zeit hocken. Das gilt nicht. Vor dem Spiel einigen sich die Kinder deshalb meist noch auf diesen Text:

»Ich schlage auf mein rechtes Bein,
wer nicht aufsteht, der muss sein!«

Dieser Text wird gesprochen, wenn einer zu lange hockt und nicht aufstehen will. Wer nach dem Spruch noch immer hockt, muss jetzt die anderen fangen.

König, ich bin in deinem Land

Spielbeschreibung: Einem König, dessen Reich abgegrenzt ist, stehen mehrere Mitspieler gegenüber. Sie versuchen, in sein Land einzudringen.

Mit dem Spruch »König, ich bin in deinem Land und nehm' dir Gold und Silberpfand!«, überschreiten sie die Grenze und tun, als wollten sie etwas vom Boden aufheben. Erfasst dabei der König die Hand eines Eindringlings, so muss dieser ihn ablösen.
Variationen: In England hieß dieses alte Spiel »Tom Tiddler's ground« und war eines unserer Lieblingsspiele zum Ende der 1950er-Jahre.

Räuber und Prinzessinnen

Spielbeschreibung: Die Kinder werden in zwei gleich große Gruppen, nämlich in Räuber und Prinzessinnen eingeteilt. Die Prinzessinnen verstecken sich, während die Räuber an einem bestimmten Ort rufen: »Ach, wie ist die Welt so schön, wenn nur nicht der Räuber käm'. Die Uhr schlägt eins, die Uhr schlägt zwei …« Wenn die Räuber rufen »die Uhr schlägt zwei …«, laufen sie weg, um möglichst viele Prinzessinnen zu fangen. Die aber laufen natürlich weg, sobald man sie in ihrem Versteck gesehen hat, und bringen sich in ihrer Burg, einem vor Spielbeginn festgelegten Mal, in Sicherheit.

Hexe, Hexe, kaukaukau

Spielbeschreibung: Mindestens acht Spieler benötigen wir für dieses Spiel. Einer wird bestimmt, der die Hexe spielt. Die Hexe bekommt ein rundes Haus aufgezeichnet, das von einem Gang umrahmt ist. Die anderen Spieler gehen vor das Haus und rufen: »Hexe, Hexe, kaukaukau, hau mir doch die Nase blau. Hau sie wieder gerade, kriegst eins vor die Nase.« Dann läuft die Hexe aus ihrem Haus und versucht, eines der Kinder zu fangen. Etwa 100 m vom Hexenhaus entfernt ist ein Strich aufgezeichnet, über den die Kinder laufen müssen, wenn sie nicht von der Hexe gefangen werden wollen. Hinter den Strich darf die Hexe nicht. Hat sie im Laufe des Spiels alle außer einem gefangen, muss dieses letzte Kind die Hexe sein.

Schattenfangen

Spielbeschreibung: Der eigene und fremde Schatten laden zum Spielen ein. Die Kinder wollen auf Straßen, Wegen, Höfen und Plätzen ihrem Schatten weglaufen, trennen sich kurzzeitig von ihm durch Hochhüpfen, springen über den Schatten anderer Leute oder trampeln absichtlich darauf herum. Für das Spiel mit mehreren wird ein Kind zum »Schattenfänger« ernannt. Die anderen Kinder laufen ihm davon. Der Schattenfänger versucht, auf den Schatten eines Kindes zu springen, das dann die Fängerrolle übernimmt.
Anmerkung: Der Schriftsteller Peter Hille (1854–1904) notierte »Die Kinder genossen ihren wachsenden und abnehmenden Schatten, dem sie den Kopf zu zertreten sich bestrebten, als handele es sich um jene alte Schlange«.

Englisch-Tick oder Englischkriegen

Spielbeschreibung: Einer muss den anderen ticken. An der Stelle, wo er getickt wurde (z. B. an der linken Wade), muss er sich festhalten und so einen anderen ticken, der ihn dann als Fänger ablöst und so weiter. Es werden bei diesem Spiel bevorzugt Stellen angetickt, die dem Fänger das Verfolgen erschweren und ihn schön komisch aussehen lassen.

Anmerkung: Es sah schon ganz schön komisch aus, wenn wir Englisch-Tick spielten und als Fänger mit merkwürdigen Verrenkungen den Davonlaufenden hinterhereilten.

Katz und Maus

Spielbeschreibung: Wohl einer der bekanntesten Kinderspiel-Klassiker für die Kleineren. Die Spieler bilden einen Kreis. In der Mitte befindet sich die Maus und außerhalb die Katze, die versucht, in den Kreis zu kommen, um die Maus zu fangen. Die Kreiskinder behindern durch Handsperrung das Eindringen der Katze in den Kreis und helfen der Maus. Gelingt es der Katze einzudringen, verlässt die Maus sofort den Kreis. Die Katze muss schon recht schnell und listig sein, will sie die Maus fangen. Ist die Maus gefangen, kommen andere Kinder an die Reihe.

Schmetterlingsfänger

Spielbeschreibung: Die Mehrzahl der Kinder fasst sich an den Händen und bildet einen Kreis. Die übrigen Kinder sind die Schmetterlinge, die soeben eingefangen wurden und jetzt versuchen, aus dem Netz – dem Kreis – zu entkommen. Das Netz darf sich bewegen und die Schmetterlinge entweder fester einschließen oder durchlassen.

Schwarzer Peter

Spielbeschreibung: Die meisten kennen es als Quartettspiel, dabei ist es eines der ältesten Bewegungsspiele für kleinere wie größere Kinder. Die Spieler laufen von einem Ende eines abgegrenzten Spielfeldes zum anderen und zurück. Der Schwarze Peter kommt ihnen entgegen, um sie zu fangen. Er darf nur nach vorn oder zur Seite laufen, niemals zurück. Wen er dabei abschlägt, der wird sein Helfer. Sind alle eingefangen, beginnt das Spiel von Neuem. Wer zuerst eingefangen wurde, ist in der nächsten Spielrunde Schwarzer Peter.

Das Zickspiel

Spielbeschreibung: »*Ein Spiel, mit dem bei uns sich die Kinder erquicken … ist das genannte Zicken. Dieß währet bis die Kinder sind voller Mattigkeit*«, heißt es in den »26 nichtigen Kinderspielen« von Ammon (1657). Durch Auszählreim wird das

»Zickli«, die Ziege, bestimmt. Sofort sprengt die Spielgruppe auseinander. Wer das Zickli erwischt oder wer das zuvor abgegrenzte Spielfeld überschreitet, wird selbst zum Zickli und hat die übrigen zu fangen.

Fuchs aus dem Loch

Material: Stofftaschentücher.
Spielbeschreibung: Ein Kind ist der Fuchs und kommt in ein Mal, den Fuchsbau. Die anderen toben um das Mal herum und necken ihn. Der Fuchs muss aus dem Mal hinken und die Necker kriegen. Stellt er aus Versehen den angezogenen Fuß auf den Boden, dürfen die anderen ihn mit einem Taschentuch, in das sie viele Knoten gebunden haben, verprügeln, bis er in seinem Fuchsbau ist. Die Gefangenen sind ebenfalls Füchse.

Wenn der Wolf kommt

Spielbeschreibung: Besonders für die Dämmerungzeit ist dieses Spiel geeignet. Ein Kind spielt den Wolf und muss sich verstecken. Die anderen Kinder gehen so lange in ein vor Spielbeginn gekennzeichnetes »Mal«. Sobald sich der Wolf versteckt hat, verlassen sie ihr Mal. Mit Gebrüll springt auf einmal der Wolf aus seinem Versteck und versucht, die Kinder anzuticken. Wer von ihm berührt wurde, scheidet aus.

Kettenfänger

Spielbeschreibung: Zwei Kinder fassen sich an den Händen an und versuchen, innerhalb eines abgegrenzten Spielfeldes ein Kind nach dem anderen zu fangen. Gelingt es ihnen, so fasst das gefangene Kind jeweils die beiden Fänger außen an. Auf diese Weise bildet sich schließlich eine lange Kette.

Trippeltrappel

Spielbeschreibung: Mit einem Abzählreim wird ein Kind zum Fänger »Trippeltrappel« ausgewählt. Es stellt sich auf eine kleine Anhöhe. Die übrigen Kinder springen unten um ihn herum und rufen:

»Trippeltrappel, siehst du mich?
Komm herab und fange mich!«

Sobald »Trippeltrappel« herabspringt, um einen Mitspieler zu fangen, springen die anderen auf die Anhöhe und rufen:

» Trippeltrappel, siehst du mich?
Komm herauf und fange mich! «

Wer jetzt ergriffen wird, muss den Trippeltrappel ablösen.

Jag' den Dritten

Material: 1 Plumpsack oder weicher Ball.
Spielbeschreibung: Die Kinder stehen paarweise, einer hinter dem anderen, in einem Kreis so, dass zwischen ihnen ein kleiner Abstand bleibt. Zwei Kinder sind außerhalb des Kreises, von denen einer den Plumpsack führt und den anderen um und durch den Kreis verfolgt. Will sich der Verfolgte endlich in Sicherheit bringen, springt er schnell vor ein beliebiges Paar. Der Hintere dieses Paares, der nun der Dritte geworden ist, muss jetzt ganz schnell vor dem Plumpsack fliehen, kann sich jedoch wieder auf dieselbe Weise retten. Dadurch wird ein anderer der Dritte und muss sich jagen lassen. Die Spielregel lautet daher: Zwei jagt den Dritten. Gelingt es dem Verfolger, einen, der als Dritter steht oder läuft, mit dem Plumpsack abzuwerfen, muss der Getroffene ihn ablösen.

Stummelschwanzjäger

Material: 1 rote Schleife mit Sicherheitsnadel.
Spielbeschreibung: Der Jäger ist auf der Jagd nach dem Hasen mit dem roten Stummelschwanz, den ein Kind in Form einer roten Schleife am Hinterteil trägt. Kein Hase will das zulassen. Alle laufen fort und tun so, als hätten sie den roten Schwanz am Po, um den Jäger irrezuführen.

Schuster, Schuster, die Suppe kocht über!

Spielbeschreibung: Die Kinder malen eine große Spirale auf den Hof oder die Straße. Im Inneren der Spirale sitzt der Schuster. Dann geht ein Kind die Spirale entlang zum Schuster, kauft ein Paar Schuhe ein und geht wieder heraus. So machen es alle Kinder, die mitspielen. Ist das letzte Kind fertig, rufen alle: »Schuster, Schuster, die Suppe kocht über!« Alle Kinder laufen dann weg. Der Schuster muss die Spirale entlang nach draußen laufen und versuchen, die Kinder zu kriegen. Hat er ein Kind gefangen, kommt es in den großen Suppentopf, der neben der Spirale aufgezeichnet ist. So geht das Spiel weiter, bis alle Kinder gefangen sind. Das letzte Kind wird der neue Schuster.

Mäuschen, komm aus deinem Häuschen!

Spielbeschreibung: Die Kinder bilden einen Kreis. Das »Mäuschen« steht in der Mitte. Nach dem Ruf »Mäuschen, Mäuschen, komm aus deinem Häuschen!« versucht die Maus, irgendwo zwischen den Kindern einen Durchschlupf zu finden. Die Kinder locken durch hocherhobene Arme. Aber immer, wenn es angelaufen kommt, schließen sie den Kreis wieder fest, bis das Mäuschen doch einmal schneller ist und entwischt. Dann kommt ein anderes Kind in die Mitte.

Der Plumpsack geht rum

Material: Mehrfach verknotetes Taschentuch (Plumpsack).
Spielbeschreibung: Das Spiel mit dem Plumpsack findet sich bereits in der Sammlung von Guts Muths (1796). Die Kinder bilden einen Kreis, mit dem Gesicht zur Mitte. Die Beine sind geschlossen. Florian geht mit einem geknoteten Taschentuch (Plumpsack) außen um den Kreis und singt den Vers:

»Dreh dich nicht um,
der Plumpsack geht rum.
Wer sich umdreht oder lacht,
wird mit Prügel bedacht.«

Sieht Florian bei einem Kind die Möglichkeit, sein Taschentuch durch die Beine zu schieben, muss das betreffende Kind in die Kreismitte und warten, bis es durch den nächsten Spieler abgelöst wird. Florian jedoch geht harmlos singend weiter um den Kreis und lässt möglichst unauffällig hinter Olivia das Taschentuch auf die Erde fallen. Die Mitspieler dürfen sich nichts anmerken lassen. Florian geht harmlos weiter, bis er merkt, dass Olivia das Taschentuch entdeckt und aufgehoben hat und versucht, ihn durch Hinterherrennen einzuholen und mit dem Tuch zu schlagen, ehe Florian seinen im Kreis freigewordenen Platz einnehmen kann. Dann geht Olivia um den Kreis. Hätte sie ihn erreicht, würden sie im gleichen Augenblick die Rollen tauschen. Wer sich zu früh umdreht, bekommt einige Schläge mit dem geknoteten Taschentuch auf den Rücken.

Alter Bär

Material: Mehrere größere Plumpsäcke.
Spielbeschreibung: In der Ecke eines Spielfeldes sitzt in einer abgegrenzten Höhle der Bär. Er ist mit einem eindrucksvollen Plumpsack bewaffnet, den er bei der Jagd nur mit beiden Händen fassen darf.

Die Kinder wagen sich an seine Höhle heran und necken ihn: »Komm heraus, du fauler Bär, beißen kannst du auch nicht mehr!« Plötzlich stürzt der verärgerte Bär hervor und verfolgt die Spötter. Wen er mit seinem Plumpsack trifft, der muss in die Höhle und wird selbst zum Bären, darf aber nur gemeinsam, das heißt mit Handanfassen, weiterjagen. In die freie Hand nimmt er ebenfalls einen Plumpsack. Jeder weitere Gefangene schließt sich auf die gleiche Weise der »Bärenkette« an, bis kein Spötter mehr übrig bleibt.

Kopf oder Zahl?

Spielbeschreibung: Die Kinder bilden zwei gleichgroße Gruppen. Eine hat ein Geldstück. Jede der Gruppen wählt eine Seite des Geldstücks für sich. Dann wirft man das Geldstück auf die Erde. Die Gruppe, deren Seite oben liegt, läuft schnell fort. Die gegnerische Gruppe muss hinterher und abticken. Die Abgetickten scheiden dann aus.

Schnappmännchen

Spielbeschreibung: In der Mitte eines längeren Spielfeldes wird mit zwei Strichen ein ca. 3 m breiter Laufstreifen aufgezeichnet. Zwischen den beiden Strichen befindet sich das »Schnappmännchen«. Die Kinder stehen ihm gegenüber am Ende des Spielfeldes. Auf einen Ruf des Schnappmännchens laufen die Kinder zur anderen Seite des Spielfeldes. Zwischen den beiden Strichen können sie vom Schnappmännchen abgeschlagen werden. Wer gefangen ist, hilft dem Schnappmännchen beim nächsten Spielgang.

Hase im Busch

Spielbeschreibung: Für jeden Hasen malen wir einen »Busch« in den Sand (oder legen ihn mit einem Springseil). Das Spielfeld wird nicht zu weiträumig begrenzt. Die Hasen hüpfen durch das »Feld«, bis ein Kind ruft: »Der Jäger kommt!« Auf diesen Ruf sucht jeder Hase sofort einen »Busch«. Allerdings wurde zu Spielbeginn einer zu wenig gezeichnet. Wer nun übrig bleibt, scheidet aus, und ein Busch wird abgebaut.

Hase im Kohl

Spielbeschreibung: Ein Spiel, für das wir sehr viele Kinder brauchen. Immer vier Mitspieler bilden einen kleinen Kreis »Kohlköpfe«, zwischen denen sich der Hase, also ein fünftes Kind, verbirgt. Sieben bis acht Hasen werden benötigt, die sich zwischen je vier Kohlköpfen verbergen. Außerhalb des großen Kreises, der von den vielen »Kohlkopfverstecken« gebildet wird, laufen der Fuchs und ein Hase, der von ihm gejagt wird. Will der Hase sich vor dem Fuchs retten, so springt er in einen kleinen Kohlkopfkreis. Darin ist jedoch nur Platz für einen Hasen. Darum muss nun der andere Hase aus dem Versteck heraus und schnell davonlaufen. In seiner Not darf auch er sich im Versteck eines dritten Hasen verbergen. Haben sich alle Hasen müde gelaufen, tauschen sie ihre Rollen mit einem der Kohlköpfe.

Bello, beiß!

Spielbeschreibung: Ein Kind ist »Bello«, der Hund. Die anderen stellen sich in einem Kreis um ihn herum. Bello zählt jetzt bis zehn, dann müssen die anderen fortlaufen, um nicht »gebissen« (angetickt) zu werden. Wird einer getickt, dann muss dieser für Bello andere Mitspieler fangen und so lange festhalten, bis er sie abgetickt hat. Er selber darf nicht ticken. Das Kind, das zuletzt getickt wurde, beginnt das Spiel wieder als Bello.

Schlangenschwanzfangen

Material: 1 Tuch, Sicherheitsnadel oder Tesaband.
Spielbeschreibung: Die Kinder lassen eine Riesenschlange entstehen. Dafür stellen sich möglichst viele Kinder hintereinander in einer Reihe auf und legen die Hände auf die Schultern des vorderen Mitspielers.

Die riesige Schlange erhält an ihrem Schwanz – es ist der letzte Mitspieler – ein Tuch befestigt, das der Kopf der Schlange ergattern muss. Das lustige Fangen kann beginnen.

Alle Kinder passen auf, dass die Schlange nicht zerreißt. Ist es nach ca. 2 Minuten dem Kopf nicht gelungen, den Schwanz zu erreichen, wird der Kopf ausgetauscht.

Töpfchen und Deckel

Spielbeschreibung: Für diesen Kreiswettlauf sitzen die Kinder im Kreis auf dem Rasen. Hinter jedem sitzenden Kind (= Töpfchen) steht ein anderes, das den Namen »Deckel« trägt. Ein stehendes Kind hat kein Töpfchen. Es geht zu einem beliebigen Deckel und fragt: »Verkaufst Du mir dein Töpfchen?« Dieses antwortet: »Für einen Groschen (oder 100 Euro usw.)«. Hierauf laufen beide nach entgegengesetzten Richtungen um den Kreis. Wer zuerst wieder bei dem Töpfchen anlangt, bleibt in dessen Besitz. Der andere muss weiterfragen.

Allerlei Wettläufe

Beim Gedanken an die eigenen Kindergeburtstage fallen uns immer wieder die Spiele ein, die auch heute noch Kinderherzen höher schlagen lassen, wie z. B.

Dreibeinlauf

Spielbeschreibung: Die Kinder laufen paarweise, jedoch nur mit »drei« Beinen auf eine Ziellinie zu. Dafür wird je ein Bein beim anderen Spieler mit einem Schal oder Tuch zusammengebunden.

Zeitungslauf

Spielbeschreibung: Zwei Mannschaften werden gebildet. Die Kinder nehmen hintereinander Aufstellung. Jeweils die ersten Läufer jeder Gruppe haben eine Zeitung zwischen die Beine geklemmt, die sie nach dem Lauf zu einer Wendemarke und zurück ihrem Hintermann überreichen müssen. Wer seine Zeitung während des Laufes verliert, muss an den Start zurück.

Eierlauf

Spielbeschreibung: Man besorge sich vor Spielbeginn einige Porzellaneier, Kartoffeln oder kleine Bälle und normale Suppenlöffel. Die Kinder stehen in einer Reihe, halten den Stiel in der Hand und versuchen nun nach »Achtung, fertig, los!«, so schnell wie möglich die gegenüberliegende Ziellinie zu erreichen, ohne dass die Löffelfracht verloren geht. Die Sieger der einzelnen Läufe treten dann noch einmal um den Obersieg an.

Latschenlauf

Spielbeschreibung: Die Kinder ziehen sich Vaters große Stiefel, Latschen oder Schuhe an und laufen jeweils zu zweit um die Wette.

Apfellauf

Material: Teller und Äpfel.
Spielbeschreibung: Jedes Kind erhält einen Teller, auf dem ein Apfel liegt. Nun läuft es mit diesem Teller auf einer am Boden aufgezeichneten Linie zum Ziel. Ist das Ziel erreicht, ohne dass der Apfel herunterfiel, kann der Apfel gegessen werden.

Affenrennen

Spielbeschreibung: Die Kinder stellen sich in einer Reihe nebeneinander auf, bücken sich und jeder fasst mit seinen Händen seine eigenen Fußgelenke an. Wer so zuerst ins Ziel gelangt, ist Sieger.
Variation: Die Kinder hüpfen wie ein Känguru oder laufen auf allen Vieren.

Dosenlaufen

Material: Konservendosen, Bindfaden, gegebenenfalls Plaka-Farbe und Pinsel zum Bemalen; Laufdosen aus stabilem Kunststoff erhält man in guten Spielwarengeschäften.
Spielbeschreibung: Wer beim Dosenlaufen mitmachen will, braucht zunächst zwei ausgediente Dosen. Oben, kurz vor dem Dosenboden, bohren wir zwei sich gegenüberliegende Löcher, durch die wir einen Faden ziehen und zu einer Schlaufe verknüpfen. Der Faden muss so lang sein, dass man damit die Dose am Fuß festhalten kann. Jetzt laufen die Kinder mit ihren Dosen entweder zum eigenen Vergnügen oder mit anderen Läufern um die Wette.

Verstecken und Suchen

Das »Verstecken und Suchen« von Personen oder Gegenständen gehörte zu den beliebtesten Kinder- und Erwachsenenspielen in der griechischen Antike. Im Athen des Perikles (* um 490 v. Chr.) nannten sie es »Myinda« und »Apodidraskinda«, je nachdem, ob auf das Verstecken oder das Abschlagen das Hauptgewicht gelegt wurde.

Wie bei allen volkstümlichen Spielen hatte das »Verstecken und Suchen« bei uns in Deutschland je nach Region unterschiedliche Bezeichnungen. Sie reichen von »Anschlagen«, »Finkenstein«, »Gung«, »Anschlagverstecken«, »Kuckuck wo bist du?« bis zum »Spinkelwinkel«, wie man das Versteckspiel in Ostpreußen nannte.

Verstecken mit Anschlagen

Spielbeschreibung: Durch einen Abzählreim stellen die Kinder fest, wer die anderen suchen muss. Das suchende Kind steht mit dem Gesicht zur Wand oder an einen Baum gelehnt und zählt mit lauter Stimme bis 10 (20 oder 30), während sich die anderen Kinder in nicht allzugroßer Entfernung verstecken. Nach Beendigung des Zählens ruft es laut: »Ich komme!« und beginnt zu suchen. Sieht es von seinem Platz aus ein Kind in seinem Versteck, ruft es seinen Namen. Das Kind darf dann nicht weiter weglaufen. Werden die einzelnen Kinder aber in ihren Verstecken aufgespürt, können sie sich durch Weglaufen und Anschlagen am Mal noch retten. Jedes Kind hat natürlich den Ehrgeiz, so viele Kinder wie möglich abzuschlagen. Wer zuerst abgeschlagen ist, muss beim nächsten Spieldurchgang suchen.

Verstecken ohne Anschlagen

Spielbeschreibung: Die Kleinsten spielen die einfache Form des Versteckens. Bis auf ein Kind verstecken sich alle anderen. Das zuvor ausgewählte Kind sucht. Wer zuerst entdeckt wird, muss als Nächstes suchen.

Klopfer

Spielbeschreibung: Ein Kind stellt sich an eine Mauer mit dem Rücken zu seinen Mitspielern. Ein Mitspieler klopft ihm zart auf den Rücken, und er muss den Namen des »Klopfers« erraten. Wenn er einen Namen genannt hat, von dem er meint, dass er richtig sei, dann gibt er eine Aufgabe, ohne sich umzudrehen (z.B. bis 50 zu zählen). Hat er den falschen Namen gesagt, dann muss er die Aufgabe selbst übernehmen. In der Zeit, während er seine Aufgabe ausführt, verstecken sich die anderen. Dann geht er zur Wand in seine Ausgangsposition zurück, um die anderen zu suchen. Hat er einen Mitspieler entdeckt, muss er ihn anschlagen. Hat der Sucher alle gefunden, dann muss der zuerst Abgeschlagene an die Mauer.

Wo steckt die Katze?

Spielbeschreibung: Etwa zwei Minuten Zeit hat ein ausgewähltes Kind, das sich als Katze »Miau« ein Versteck suchen muss. Dann gehen die anderen Mitspieler los, um die kleine Katze einzufangen. Glauben die anderen zu wissen, wo Miau sitzt, fordern sie das Tierchen auf, sich hören zu lassen. Wenn die Katze Glück hat, ertönt jetzt von einer ganz anderen Seite ihr »Miau«. Schnell laufen die anderen dorthin, um vielleicht von einer dritten Stelle das Miau zu hören. Schließlich aber ist die Katze umstellt und gefangen. Durch Abzählreim bestimmen die Kinder eine neue Katze.

Gefangenenbefreiung

Spielbeschreibung: Zu Beginn des Spiels markieren die Kinder einen Kreis von etwa 3 m Durchmesser. Dann wählen sie einen »Sucher« aus, und die anderen Mitspieler verstecken sich. Der Sucher zählt langsam bis 50 (oder eine andere vorher festgelegte Zahl). In dieser Zeit müssen sich alle versteckt haben. Findet der Sucher einen Mitspieler, so ruft er laut seinen Namen. Dieser muss dann ausscheiden und sich in den Kreis (= das Gefängnis) begeben. Die anderen können ihn jedoch befreien, ohne erkannt zu werden. Das Spiel ist vorbei, wenn alle Mitspieler im Gefängnis gelandet sind.

Nach Hause

Spielbeschreibung: Ein ausgewähltes Kind versteckt sich. Nach etwa 2 Minuten beginnen die anderen, es zu suchen. Hat ein Kind es entdeckt, so ruft es laut: »nach Hause!« Darauf versuchen alle, möglichst schnell zum Mal zu kommen. Das gefundene Kind aber soll ein anderes durch Anticken fangen. Darum stellt es sich aber selbst so schnell wie möglich vor das Mal, um die anderen bei ihrer Rückkehr anzuschlagen. Das erste Kind, das angeschlagen wurde, versteckt sich beim nächsten Mal.

Mäxchen

Spielbeschreibung: Durch Auszählen wird ein Kind als »Mäxchen« bestimmt. Dieser versteckt sich, ohne dass die anderen ihn dabei beobachten dürfen. Dann muss die Gruppe »Mäxchen« suchen, indem sie ihn neckt und herausfordert. »Mäxchen« verlässt sein Versteck und versucht, die anderen zu fangen. Jedes Kind, das gefangen wurde, muss sofort mitfangen für »Mäxchen«. Nach jedem Fang aber muss sich »Mäxchen« wieder neu verstecken.

Spurensucher

Material: Blätter, kleine Äste, Steine, Zettel.
Spielbeschreibung: Dieses Spiel erfordert etwas Vorbereitung. Ein Kind versteckt einen Zettel oder etwas Ähnliches in der näheren Umgebung. Die anderen Kinder müssen den Weg dorthin finden. Als Anhaltspunkte sammelt der Spielführer typische Merkmale, die den Weg dorthin kennzeichnen. Er bricht z. B. einen kleinen Zweig ab, legt ein Steinhäufchen auf den Weg. Die anderen Mitspieler sehen sich diese Dinge genau an. Sieger ist, wer den Zettel am schnellsten findet.

Blinde Kuh

Material: Tücher zum Augenverbinden.

Spielbeschreibung: Eines der bekanntesten klassischen Spiele ist »Blinde Kuh« mit Sicherheit. Es war in der Antike ebenso beliebt wie bei den Rittern und am Hofe gekrönter Häupter. Für das Spiel gibt es eine Fülle unterschiedlicher Bezeichnungen, wie »Blinde Katze«, »Blinde Henne« oder »Blindlingsspiel«. J. Camarius (1544) nannte es »caecus muskulus«, was soviel wie »Blindmäuschen« heißt.

Für unser Suchspiel wird ein freier, möglichst ebener Platz (oder freigeräumtes Zimmer) benötigt. Die Regel ist bekannt: Durch Abzählen wird ein Spieler zur »blinden Kuh« bestimmt. Dieser werden die Augen verbunden, man dreht sie ein- bis zweimal herum und überlässt sie dann ihrem Geschick. Die anderen Mitspieler necken, zupfen und foppen die »blinde Kuh«, ohne ihr dabei wehzutun. Sie ist wiederum bemüht, durch rasche Wendungen und Griffe einen Mitspieler zu erfassen, der dann die Stelle als blinde Kuh einnimmt. Wie heute weniger bekannt, wurden früher vor Spielbeginn zwischen einem Mitspieler, der die »blinde Kuh« in den Kreis führte und ihr selbst Zwiegespräche geführt, wie z. B.:

Blinde Kuh, wo gehst du hin?
Milchsuppe essen.
Ei, du hast ja gar keinen Löffel.
Dann hol' ich mir einen.

Blinde Kuh, ich leite dich!
Wohin?
Ins Café.
Was soll ich dort tun?
Milchsuppe essen.
Hab' ja keinen Löffel.
Dann such' dir einen.

Bindet ihr die Augen zu!
Lieschen ist nun Blindekuh.
Holla, Lieschen, fängst du mich?
Warte, Hans, gleich hab ich dich.
Lieschen trippelt kreuz und quer,
greift und tastet hin und her,
steht nun still, tappt wieder vor,
bauz! nun gegen's Gartentor.
Und man foppt sie, dreht sie um,
dass ihr schwindlig wird und dumm,
bis sie plötzlich, halb im Traum,
rund umfasst den Apfelbaum.
Holla, Lieschen, den halt fest,
der hat Zweige und hat Äst!
und vielleicht – steig mal hinauf!
sitzt der Hans gar obenauf.
(Volkstümlich, 19. Jahrhundert)

Variationen: Andere alte Blindekuh-Spiele sind »Jacob, wo bist du?«, »Glöckchen, wo bist du?« und das berühmte »Topfschlagen«.

Jacob, wo bist du?

Material: Tücher zum Augenverbinden, 1 Plumpsack.
Spielbeschreibung: Die Kinder stellen sich im Kreis auf. Zwei Spieler stehen darin mit verbundenen Augen. Der eine ruft: »Jacob, wo bist du?« – Jacob hat zu antworten: »Ich bin hier!« – Nun wirft das eine Kind den Plumpsack dorthin, wo es Jacob gehört hat, und versucht, ihn mit dem Plumpsack zu treffen. Jacob aber hatte, sobald er »hier« rief, seinen Platz verlassen, um nicht getroffen zu werden. Kommen sich beide Spieler zu nahe, rufen ihnen die anderen aus dem Kreis zu: »Du verbrennst dich!« und sie müssen eine andere Richtung einschlagen. Ein neues Spiel beginnt, sobald Jacob getroffen wird.

Glöckchen, wo bist du?

Material: Für jedes Kind ein Tuch zum Augenverbinden und eine kleine Glocke.
Spielbeschreibung: Alle Kinder haben die Augen verbunden, nur ein einziges nicht. Das Sehende läutet in kurzen Intervallen mit einem Glöckchen, und die blinden Mitspieler versuchen, es nach Gehör zu fangen. Wer den Glockenspieler berührt, übernimmt das Glöckchen und tauscht mit ihm die Rolle.

Topfschlagen

Material: Tücher zum Augenverbinden, 1 Topf, 1 Holzlöffel, kleine Preise.
Spielbeschreibung: Die Kinder bilden einen Kreis. In der Mitte steht ein Spieler mit verbundenen Augen und einem Stock in der Hand. Um ihm die Orientierung zu erschweren, wird er herumgedreht. Nun muss er versuchen, mit dem Stock auf den Topf zu schlagen, der umgestülpt auf dem Boden steht. Trifft er, so wartet auf ihn ein kleiner Preis, der vor Spielbeginn unter den Topf gelegt wurde.

4.4 Als der Großvater die Großmutter nahm – Reigen-, Tanz- und Singspiele

Reigen bzw. Reihen waren Bezeichnungen für den höfischen Rundtanz. Im Mittelalter verbot die Kirche Reigenspiele als »heidnische Sitten«, wenn sie von Erwachsenen und Kindern gespielt wurden. Der Ursprung dieser Tanzspiele ist bis heute nicht eindeutig geklärt, wird in der Fachliteratur jedoch meist auf vorchristliche Kulthandlungen zurückgeführt. Auf jeden Fall gehören Reigenspiele und Ringelreihen zu den schönsten und ältesten Tanz- und Bewegungsspielen für jüngere Kinder. Sie waren typische Frühlingsspiele der Mädchen. Waren die Spiele der Jungen vorwiegend ruppig, so ging es bei den Reigenspielen der Mädchen auffallend friedlich zu. Es gibt bei dieser Spielform keine Bevorrechtigten, da jeder einmal die angenehmen, dann die weniger beliebten Rollen übernimmt.

Kinder- und Spiellieder wurden wie Volkspoesie überhaupt zu unbekannter Zeit an unbekanntem Ort von unbekannten »Dichtern« geschrieben. Im Laufe der Zeit veränderte das Volk, pointierte, straffte oder streckte den Text, variierte, passte ihn regionalen Sprachgewohnheiten und dem wandelnden Stilgefühl an. Die anonyme Volkspoesie können wir ebenso wenig fassen wie die Spatzen, die sie von allen Dächern pfeifen. Kritiker sagen, dass Ringelreihen ein Stück von Erwachsenen gemachter Kinderidylle seien, die nicht den wirklichen Erlebnisraum des Kindes darstellen. Dem ist entgegenzusetzen, dass den z. T. vor Jahrhunderten entstandenen Spielliedern heute mehr eine symbolische Bedeutung zukommt. In Reigenspielen wie »Die sieben Geißlein« oder »Dornröschen« wird der Sieg des Guten über das Böse dargestellt. Der humanistische Grundgedanke dieser und anderer überlieferter Spiele macht sie auch heute noch zum geeigneten Spielgut für jüngere Kinder. Die Einheit von Hören, Singen und Bewegen, Rhythmus, aktiver Nach- und Mitgestaltung, das Gefühl für Sprache und Musik für die Persönlichkeitsentwicklung des Kindes unterstreichen deren

Ringel — ringel — Rosenkranz,
Ich tanz mit meiner Frau.

Abb. 17: Ringelreihen als Postkartenmotiv um 1880.

Abb. 18: *Freude und Lust am Rhythmus. Kinder beim Tanzspiel mit Stehgeiger.*
Berlin um 1910.

Bedeutung. Da die Kinder Reigenspiele nur in Gemeinschaft mit anderen Kindern spielen können, werden dadurch gemeinsames Erleben und Spielfreude gestärkt und das Miteinander geweckt.

Als der Großvater die Großmutter nahm

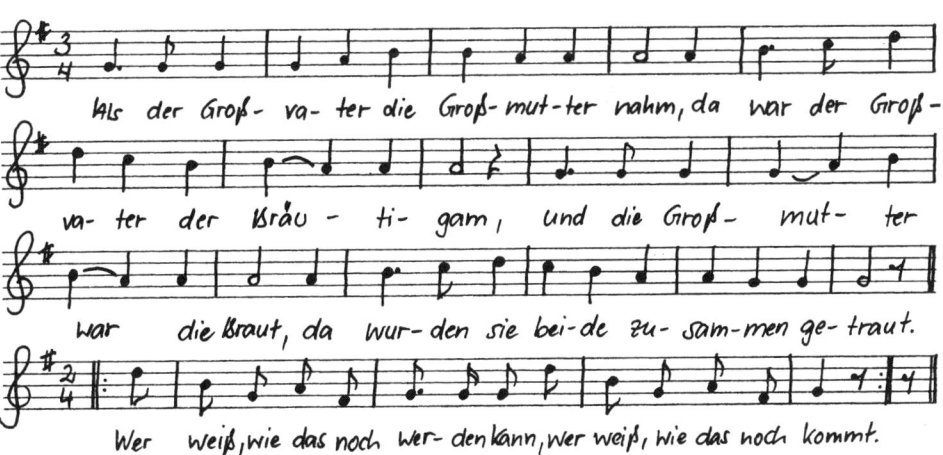

Der »Großvatertanz« gehört zu den ältesten deutschen Kindertänzen. Noch im 19. Jahrhundert war es üblich, Hochzeiten und Ballfeste mit ihm als »Kehraus« zu beschließen. Der Text tauchte erstmals 1710 in Leipzig auf (Tauberts Tanzmeister) und wurde in ganz Deutschland verbreitet.

Und so geht's: Die Kinder bilden einen Kreis und fassen sich an den Händen. In der Mitte steht der »Großvater«. Alle gehen singend im Kreis, während sich der Großvater eine »Großmutter« sucht und würdig mit ihr einherschreitet. Die im Kreis stehenden Kinder klatschen. Großvater und Großmutter tanzen frei. Zum Schluss bleibt die Großmutter als neuer Großvater im Kreis und das Spiel beginnt von vorn. Das Tanztempo hängt im Wesentlichen vom gestaltenden Spiel der mitsingenden Tänzer ab.

Schornsteinfeger fegt das Haus

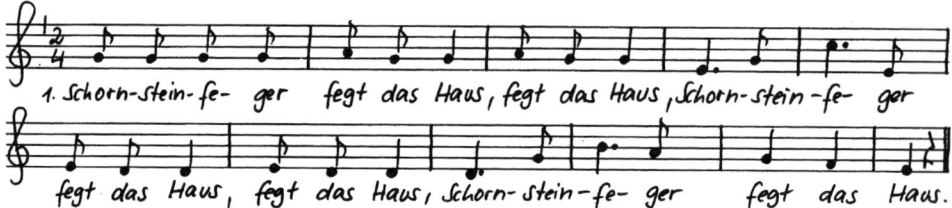

1. Schorn-stein-fe-ger fegt das Haus, fegt das Haus, Schorn-stein-fe-ger fegt das Haus, fegt das Haus, Schorn-stein-fe-ger fegt das Haus.

2. Kommt er an ein großes Haus.
3. Schaut ein junges Mädchen raus.
4. »Mädchen, Mädchen, willst mich hab'n?«
5. »Muss ich erst den Vater fragen.«
6. »Vater, Vater, darf ich's machen?«
7. »Nimm doch lieber'n Schlossermeister.«
8. »Schlossermeister bricht die Hand.«
9. Schornsteinfeger fällt vom Dach.
10. Und das Mädchen fängt ihn auf.
11. Morgen soll die Hochzeit sein.

Die Kinder bilden einen Kreis und wählen den Schornsteinfeger, das Mädchen und seinen Vater aus. Alle führen die Bewegungen aus, von denen gesungen wird. Wenn der Schornsteinfeger vom Dach fällt, lässt er sich auf die gefassten Hände von zwei im Kreis gehenden Kindern fallen. Am Ende tanzen drei Kinder im Kreis.

Ringlein, Ringlein, du musst wandern

Das Kinderlied vom »Ringlein« findet sich bereits in Spielbüchern des 18. Jahrhunderts. Bis auf kleine Textabweichungen wurde es in Thüringen, Sachsen und im Rheinland ebenso als Kreisspiel durchgeführt wie in Hessen, Schlesien und in Schleswig-Holstein.

Die Kinder sitzen oder stehen im Kreis eng nebeneinander und halten die Hände auf dem Rücken. Ein Kind sitzt oder steht in der Kreismitte. Die anderen reichen möglichst unauffällig einen Ring, ein Geldstück oder sonst einen kleinen Gegenstand herum und singen dazu. Das Kind in der Mitte muss herausfinden, wo sich der Gegenstand gerade befindet. Findet es den Gegenstand bei einem Kind, so muss dieses in den Kreis.

Als Textvariante singen die Kinder zur selben Melodie:

Taler, Taler, du musst wandern,
von dem einen zu dem andern.
Das ist hübsch, das ist schön,
Taler, lass dich nur nicht sehn.

Ich bin 'ne kleine Schnecke

Ich bin 'ne kleine Schnecke und keine Maus,
ich rühr' mich nicht vom Flecke und kann nicht raus,
spazier' hier niemals allein,
es muss schon einer bei mir sein.
Sophie, Sophie, Sophie soll es sein.
»Komm zu mir in den Kreis herein«.

Spielbeschreibung: Die Kinder rufen sich beim Namen herbei, fassen jeweils die Hand des nächsten und winden sich ganz eng um den Mittelpunkt, sodass ein »Schneckenhaus« entsteht. Am Schluss wird die »Schnecke« wieder aufgelöst, indem alle Kinder ihre Arme hochheben, ohne die Hände loszulassen. Wenn niemand loslässt, kann sich nun der Schneckenkopf herauswinden und alle hinter sich herziehen.

Abb. 19: Szenenspiel in einem Lübecker Kindergarten, Sommer 1944.

Grün sind alle meine Kleider

2. Blau, blau, blau sind alle meine Kleider, blau, blau, blau liebt jedermann, darum lieb ich, was blau ist, weil mein Schatz ein Matrose ist.

3. Weiß, weiß, weiß sind alle meine Kleider, weiß, weiß, weiß liebt jedermann, darum lieb ich, was weiß ist, weil mein Schatz ein Bäcker ist.

4. Schwarz, schwarz, schwarz sind alle meine Kleider, schwarz, schwarz, schwarz liebt jedermann, darum lieb ich, was schwarz ist, weil mein Schatz ein Schornsteinfeger ist.

5. Bunt, bunt, bunt sind alle meine Kleider, bunt, bunt, bunt liebt jedermann, darum lieb ich, was bunt ist, weil mein Schatz ein Maler ist.

Spielbeschreibung: Bei diesem alten Reigenspiel stellen sich die Kinder im Kreis auf. Nachdem ein Kind in die Mitte getreten ist, gehen die anderen herum und singen die Strophe, die zur Farbe des Kleides passt. Darauf tritt ein anderes Kind in den Kreis, dessen Kleid in derselben Weise besungen wird. Die Kinder denken sich während des Spiels neue Strophen aus.

Es geht eine kleine Hexe

Spielbeschreibung: Ursprünglich kommt dieses alte Spiellied aus Süddeutschland. Die Kinder bilden einen Kreis. Ein Kind geht um den Kreis herum. Bei »Florian« nimmt es einen Mitspieler bei der Hand und geht mit ihm um den Kreis. Das Spiel wird solange wiederholt, bis der Kreis aufgelöst ist.

Es geht eine Zipfelmütz

Spielbeschreibung: Die Kinder halten sich an den Händen und gehen singend im Kreis. Ein Kind geht in der Gegenrichtung innen im Kreis. Es deutet eine Zipfelmütze an, indem es beide Hände mit aneinandergelegten Fingerspitzen über den Kopf hält. Das Kind, vor dem die »Zipfelmütz« bei der letzten Aufforderung »bleib stehn!« anhält, ist die zweite Zipfelmütze. Jetzt tanzen die beiden und klatschen in die Hände. Es werden alle sich aus dem Text ergebenden Bewegungen ausgeführt, die von der ersten »Zipfelmütz« vorgemacht werden.

Bei der Wiederholung sind beide Kinder die »Zipfelmützen«. Sie singen nun: »Es gehen zwei Zipfelmützen …« Bei den nächsten Wiederholungen vier, acht und so weiter, bis schließlich alle Kinder »Zipfelmützen« sind.

Rote Kirschen ess ich gern

Ro- te Kir- schen ess ich gern, schwar- ze noch viel lie- ber.
In die Schu- le geh ich gern, al- le Ta- ge wie- der.

Hier wird Platz ge- macht für die jun- gen Da- men!

Sitzt der kuk- kuk auf dem Dach, kommt der Re- gen, macht ihn nass

kommt der lie- be Son- nen- schein, das soll un- ser Pe- ter sein.

Spielbeschreibung: Für dieses aus Hessen stammende Reigenspiel bilden die Kinder einen Kreis. Sie fassen sich an den Händen und gehen singend im Kreis herum. Im Kreisinnern geht ein Mädchen in der Gegenrichtung. Bei den Worten: »Hier wird Platz gemacht für die jungen Damen!« trennt das Mädchen den Kreis und holt einen Jungen zu sich. Ist das Lied zu Ende, wird es wiederholt. Jetzt darf der Junge ein Mädchen wählen. Dazu singen dann die Kinder: »Hier wird Platz gemacht für die jungen Herren!« Außerdem wird jedes Mal der Vorname des gewählten Mädchens oder Jungen gesungen. Das Spiel wird solange fortgesetzt, bis der immer größer werdende Innenkreis den äußeren Kreis vollständig aufgelöst hat.

Abb. 20: Viele kleine »Zipfelmützen«. Reigen im Kindergarten unserer Tage.

Im 19. Jahrhundert spielten die Kinder in Kassel/Hessen auch nach folgendem Text: »Rote Kirschen ess ich gern, schwarze noch viel lieber. Fahren auf der Extrapost, wenn es tausend Taler kost. Tausend Taler ist kein Geld, wenn es meinem Schatz gefällt. Schätzchen hier, Schätzchen da, Schätzchen in Amerika.«

Machet auf das Tor

Spielbeschreibung: Zwei Kinder stehen sich gegenüber und bilden durch Hochhalten der Arme und Anfassen der Hände ein Tor. Zuvor haben sie heimlich vereinbart, wer von ihnen Gold und wer Silber, Gelb, Rot oder Blau bedeutet. Die anderen Mitspieler bilden eine Reihe und gehen durch das Tor. Beim letzten Takt des Liedes nehmen die beiden torbildenden Kinder die Hände herunter und halten so ein Kind fest. Das gefangene Kind entscheidet jetzt flüsternd, ob es lieber Gold oder Silber mag und muss dann hinter das betreffende Kind treten. Danach beginnt das Lied von vorne. In welcher Gruppe stehen zum Schluss die meisten Kinder?

Dieses Reigenspiel wurde im 19. Jahrhundert sowohl in Hessen (Kassel) als auch im Rheinland (Laubenheim) besonders gern gespielt. Die Texte unterschieden sich etwas. Neben der oberen Fassung sind auch diese zwei Varianten bekannt:

Macht auf das Tor, macht auf das Tor, wir kommen mit unserm Wagen!
Wer sitzt darin? Ein Mann mit roten Haaren.
Was will er denn? Er will die Tochter holen.
Was tat sie denn? Sie hat ja was gestohlen.
Was ist es denn? Es ist ein Korb mit Kohlen.

Die Kinder stellen sich hintereinander in Paaren auf. Jedes Paar bildet mit hocherhobenen Händen ein Tor. Das letzte Paar beginnt, unter dem Tor hindurchzugehen. Die anderen Paare schließen sich an. Ist ein Paar durch alle Tore hindurchgegangen, so bildet es ein neues Tor. Ein ähnlicher Text findet sich in einer volkstümlichen Kinder-liedsammlung von 1896. Da heißt es:

Machet auf das Tor, machet auf das Tor,
es kommt ein Wagen gefahren:
Wer sitzt darin? Wer sitzt darin?
Ein Mann mit rotem Kragen.
Was will er denn? Was will er denn?
Er will den Helmut holen.
Was hat er denn? Was hat er denn?
Der Helmut hat gestohlen.

4.5 Kacherl schieben, Sechserloch und Muldenschnipp – Murmel-, Klicker-, Pickerspiele

Als kleine Jungen spielten wir Ende der 50er-Jahre besonders gerne im Frühjahr mit unseren heiß geliebten Murmeln. Sie waren zum Teil aus Ton in gelb, rot, grün und blau, aber auch aus Eisen – die größeren Kugeln aus Glas. Dieser Schatz befand sich in einem kleinen Stoffbeutel und wurde meist im Schuhkarton, in dem sich auch kleine Autos und allerlei gesammelte Utensilien befanden, aufbewahrt.

Gespielt wurde natürlich draußen, meist hinterm Haus, auf dem Gehweg, aber auch auf dem Schulhof. Besonders Matthias (Spitzname »Murmel«) verstand es meisterhaft, Klickerbahnen und -türme mit unterschiedlichen Schwierigkeitsgraden und allen nur erdenklichen Raffinessen anzulegen.

Auch mancher Erwachsene kriegt heute noch glänzende Augen, wenn man ihn an sein Murmelspiel erinnert. Straßen und Plätze, die es noch vor 25 Jahren gab, sind als Spielflächen verschwunden. Die Kinder zogen mit kleinen prallgefüllten Säckchen los, und es war ihnen alles recht, um in den Besitz der kugelrunden Kostbarkeiten zu gelangen. Lumpen, Alteisen und leere Flaschen sammelten wir, um von deren Erlös Murmeln zu kaufen.

Um 1900, als die meisten Murmeln aus Ton bestanden und farbig glasiert waren, erhielten die Kinder für einen Pfennig etwa 10 Stück. A. Pfister schreibt 1901: »*Die Kirche liegt etwas erhöht; man steigt auf breiter Staffel hinan und befindet sich dann auf dem kleinen Kirchplatz, wo Kinder gern mit ›Schnellern‹ (Murmeln) spielten um kleine Gewinne, die meist in Horn- und Beinknöpfen bestanden, von denen die Glücklichen ganze Säckchen voll besaßen.*«

Im 16. Jahrhundert unterlag das Murmelspiel zusammen mit anderen Kinder-spielen einer strengen Gängelung durch die Erwachsenen. Besonders auf Kirchhöfen sahen die geistlichen Herren höchst ungern spielende Kinder. Und so hieß es dann auch in einer zeitgenössischen Verordnung, dass »*die Knaben, die in- und außerhalb der Stadt kluckern* [mit Murmeln spielen, d. Verf.] *oder dergleichen verbotene Spiele brauchen, sollen bestraft werden«.* Zudem wurde das »*Feilhalten von Schussern [Murmeln] mit Strafe belegt«.*

Zuerst wurde in Nürnberg (1503), dann in Ulm (1517) und schließlich in Zürich (1530) das Murmelspiel verboten. Kugeln gehören zu den Urformen des Spielzeugs und das Murmelspiel zu den ältesten bekannten Spielen der Welt. Vom römischen Kaiser Augustus (63 v. Chr.) ist überliefert, dass er ein geradezu süchtiger Murmelspieler war. Als erste Klicker dienten den Römern und Griechen Nüsse. Die Kinder nahezu aller Kulturkreise benutzten alles, was klein und rund war und sich somit zum Murmelspiel eignete, wie Erbsen, Steine, Kirsch-, Pflaumen- und Aprikosenkerne, runde Muscheln, Schneckenhäuser, kleine Kartoffeln, Perlen und vieles andere mehr.

Das Murmelspiel hat nicht nur Spielpädagogen, sondern auch das Interesse von Kulturhistorikern, Volkskundlern und Sprachforschern erregt. Ebenso vielfältig wie die Spielformen sind die unterschiedlichen Bezeichnungen für die kleinen Kugeln. Mehr als 200 verschiedene Namen sind bekannt, von denen hier stellvertretend nur sechs genannt sein sollen: Murmeln (Mittel- und Niederdeutschland, Berlin), Marmeln (Hamburg), Picker (Schleswig-Holstein), Klicker (Hessen und Rheinland), Schneller (Schwaben) und Schusser (Bayern).

Deutschland war übrigens vom 18. bis zum Beginn des 20. Jahrhunderts der Mittelpunkt des Handels mit Murmeln. Sie wurden ursprünglich aus Marmor (deshalb: Marmeln, Murmeln) und später viel kostengünstiger aus Ton, Eisen und Glas hergestellt.

Die auf den folgenden Seiten beschriebenen Murmelspielklassiker lassen sich von den Kindern beliebig variieren und im Schwierigkeitsgrad steigern.

Kullern

Material: Große und kleine Murmeln.
Spielbeschreibung: Mindestens zwei Kinder werfen von einem Standmal aus je eine große Murmel in die gleiche Richtung. Danach versuchen sie, diese Murmeln von der Stelle aus, an der sie gelandet sind, gegen die eines Mitspielers zu schnippen. Gelingt dies einem Spieler, so darf er vom Besitzer der getroffenen Murmel eine kleine Kugel einkassieren. Die großen Murmeln bleiben dabei stets auf dem Spielfeld liegen, gleich, ob einer trifft oder nicht. Sieger ist, wer nach mehreren Runden die meisten Treffer erzielen konnte.

Namenmurmeln

Material: 10–15 Murmeln je Spieler.
Spielbeschreibung: Jeder Spieler gräbt eine kleine Mulde in den Sandboden. Die Mulden müssen in etwa 20 cm Abstand nebeneinanderliegen. Alle merken sich ihre Mulde beziehungsweise kennzeichnen sie mit dem Anfangsbuchstaben ihres Vorna-

mens. Aus 2 m Entfernung versucht das erste Kind, eine seiner Murmeln in die eigene Mulde zu werfen oder zu rollen. Fällt eine Murmel in eine fremde Mulde, so gehört sie dem betreffenden Kind. Rollt sie jedoch an allen Mulden vorbei, dann bleibt sie im Besitz des Kindes, das sie geworfen hat. Die dritte Möglichkeit: Die Murmel rollt in die eigene Mulde. Dann gehört sie natürlich dem erfolgreichen Werfer. Wer hat am Ende die meisten Murmeln?

Ausgelegte Kugel

Material: 20–30 Murmeln je Spieler.
Spielbeschreibung: Ein durch Abzählreim bestimmtes Kind legt eine seiner Murmeln etwa 1–2 m von der Wurflinie entfernt auf den Boden. Nacheinander müssen die Mitspieler nun versuchen, die ausgelegte Murmel zu treffen. Dabei gehen alle Klicker, die fehlschießen, an den Besitzer dieser Zielkugel über. Gelingt es einem Spieler, diese Murmel zu treffen, so darf er sie einstecken. Jeder sollte der Fairness halber einmal eine Kugel aussetzen können.

In den Pott

Material: 1 Beutel Murmeln.
Spielbeschreibung: In Schleswig-Holstein spielten die Kinder mit ihren Pickern gerne »In den Pott« beziehungsweise »Pontjern«. Dafür gruben sie fünf faustgroße Löcher in den Boden, vier im Quadrat, eines in die Mitte und ein kleines Loch davor. Von einer 2 m entfernten Wurflinie peilen die Spieler nacheinander das Mittelloch im Quadrat, den »Pott«, an. Trifft ein Kind in das kleine Loch, dann muss es zwei Strafmurmeln in den »Pott« legen. Dies gilt auch, wenn es eines der Ecklöcher trifft. Schnippt ein Kind seine Murmel allerdings in den Pott, so gewinnt es den ganzen Inhalt.

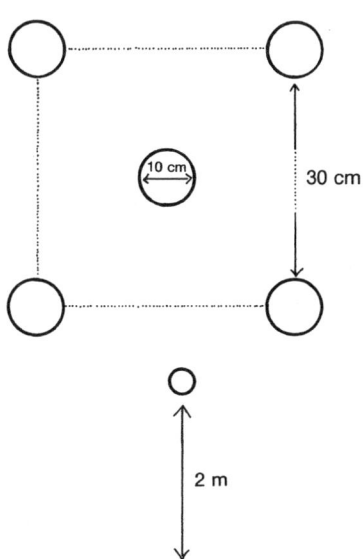

Auf Spannweite

Material: Je Spieler ca. 10–15 Murmeln.
Spielbeschreibung: Ein Murmelspiel für 2 Kinder. Das erste wirft eine Murmel beliebig weit weg. Das zweite Kind versucht dann, sie mit seiner Murmel zu treffen oder seine Murmel mindestens so weit zu werfen, dass sie höchstens einen Spann weit von der des anderen liegen bleibt. Wenn das Kind die Murmel des Gegners trifft oder beide

zugleich mit der ausgespannten Hand berühren kann, darf es beide behalten. Im entgegengesetzten Fall gewinnt der Spieler, der zuerst geworfen hat, beide Kugeln. Dann wirft der zweite Spieler zuerst, und so wird abgewechselt.

Pyramide

Material: Beliebig viele Murmeln, 10 Murmeln für die Pyramide.
Spielbeschreibung: Die Kinder zeichnen einen Kreis auf den festen Untergrund. In der Mitte baut einer der Spieler aus den Murmeln eine dreiseitige Pyramide auf. Als Basis legt er 6, auf diese weitere 3 und auf den Gipfel eine Murmel. Die übrigen Mitspieler werfen aus der Entfernung von fünf Schritten je eine Murmel auf die Pyramide. Wer sie trifft, hat Anspruch auf alle Murmeln, die aus dem Kreis hinausrollen. Trifft niemand, darf der Baumeister der Pyramide die geworfenen Murmeln behalten. Das Spiel ist zu Ende, wenn von der Pyramide nichts mehr übrig geblieben ist.

Linienmurmeln

Material: Beliebig viele Murmeln.
Spielbeschreibung: Alle Spieler werfen der Reihe nach ihre Murmeln auf eine gezeichnete Linie. Alle Murmeln gehören demjenigen, dessen eigene am dichtesten an der Linie liegen.

Kacherlschieben

Material: 1 Beutel Murmeln.
Spielbeschreibung: Dieses alte Murmelspiel stammt aus Bayern. Ursprünglich benutzten die Mädchen hierfür Perlen statt Schusser. Im Spiel gewonnene Perlen wurden von den Mädchen auf eine Schnur gefädelt und stolz um den Hals getragen.

Mit dem Schuhabsatz drehen die Kinder eine kleine Mulde in den Sandboden. Aus etwa 2–3 m Entfernung werfen sie nacheinander jedes Mal mit einem Wurf eine vorher verabredete Zahl von Murmeln (1–3 Stück) in diese Kuhle (= »Kacherl«). Wer die meisten Murmeln ins »Kacherl« getroffen hat, beginnt mit dem »Schieben«, bei dem alle Murmeln, die nicht in die Mulde gekullert sind, mit der Breitseite des Zeigefingers in die Mulde befördert werden, und zwar mit jeweils einem Schub. Auf diese Art darf ein Spieler solange Murmeln in die Mulde schieben, bis eine daneben rollt. Dann ist der nächste an der Reihe. Wer die letzte Murmel ins »Kacherl« gebracht hat, erhält den ganzen Inhalt.

Lochmurmeln

Material: Beliebig viele Murmeln.
Spielbeschreibung: Von einer ca. 2–3 m entfernten Abwurflinie aus versuchen die Kinder nacheinander, eine oder mehrere Murmeln gleichzeitig in ein etwa 10 cm großes Loch zu werfen oder zu rollen. Alle Kinder, die mit einer Murmel ins Loch treffen, gewinnen die außerhalb liegenden Murmeln und können diese verteilen.

Glaskugelzielen

Material: Große und kleine Glasmurmeln.
Spielbeschreibung: Durch Abzählreim oder Auslosen legen die Kinder fest, wer die Spielrunde eröffnet. Er muss von einer Wurflinie aus eine große Glasmurmel beliebig weit wegschnippen. Die anderen Spieler versuchen anschließend, mit einer kleineren Kugel die große Glaskugel anzuschubsen oder ihr wenigstens so nahe wie möglich zu kommen. Der Spieler, dessen Murmel unmittelbar neben der großen Glaskugel gelandet ist, darf alle anderen Murmeln einsammeln und die nächste Runde mit dem Ausrollen beginnen. Kullern nach einem Wurf zwei Murmeln gleich nah an die große Kugel heran, dann müssen die Besitzer ein Entscheidungsspiel austragen, bei dem sie ihre Murmeln noch einmal in Richtung Glaskugel werfen.

Muldenschnipp

Material: Beliebig viele Murmeln.
Spielbeschreibung: Etwa 3 m von einem 10 cm großen Loch wird eine Wurflinie aufgezeichnet. Jedes Kind rollt jetzt nacheinander 3 Murmeln einzeln in Richtung Loch. Jeder Treffer zählt zwei Punkte. Wer nach der ersten Spielrunde die meisten Punkte erreicht hat, beginnt die nächste Runde. Hat keiner das Loch getroffen, beginnt derjenige, dessen Murmel dem Loch am nächsten war. Alle Murmeln, die das Loch verfehlt haben, müssen mit Daumen und Zeigefinger in die Mulde geschnippt werden. Jeder darf, bis er einen Fehltreffer macht. Für jeden Treffer gibt es einen Punkt. Sind alle Murmeln in der Vertiefung gelandet, wird wieder ausgerollt, anschließend wieder geschnippt. Dies geschieht solange, bis der Erste 30 Punkte erreicht und somit das Spiel gewonnen hat.

Fünferle

Material: Beliebig viele Murmeln.
Spielbeschreibung: Alles ist wie beim Lochmurmeln. Jedoch werden jetzt fünf Murmeln gleichzeitig aus der Hand gerollt. Die Murmeln, die nicht im Loch gelandet sind, darf der Spieler mit gekrümmtem Zeige- oder Mittelfinger einmal anschubsen. Alle im Loch befindlichen Murmeln kann der Spieler behalten, während die anderen in einem »Verlustbehälter« gesammelt und am Spielschluss untereinander aufgeteilt werden.

Sechserloch

Material: 1 Beutel Murmeln.
Spielbeschreibung: Ein altes Murmelspiel aus Schleswig-Holstein. Um ein etwa 10 cm großes Loch werden im Abstand von etwa 30–40 cm fünf weitere Löcher kreisförmig angelegt. Die Kinder geben je 2 Picker als Einsatz in das mittlere Loch. Dann versuchen sie, aus etwa 2–3 m Entfernung das Mittelloch zu treffen. Verfehlt die Murmel dieses Ziel und landet in einem der anderen Löcher, so gilt sie als verloren. Trifft sie jedoch das mittlere Loch, dann gewinnt der Spieler den Inhalt, und dazu noch die Murmeln, die in die anderen Löcher fehlgingen.

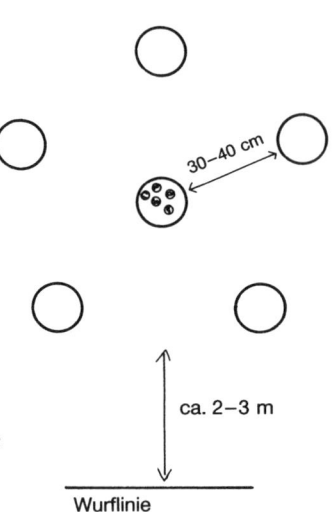

Aus dem Kreis jagen

Material: 15–20 Murmeln je Spieler.
Spielbeschreibung: Die Kinder legen einen Kreis von etwa 15 cm Durchmesser an und machen in dessen Mitte eine kleine Mulde. Jeder Mitspieler legt als Einsatz zwei Murmeln in die Mitte. Dann lässt einer nach dem anderen aus Augenhöhe seine Wurfmurmel auf die Klicker in der Mulde fallen. Alle Murmeln, die dabei sowohl aus der kleinen Kuhle als auch aus dem Kreis hüpfen, gehören dem erfolgreichen Spieler. Murmeln, die im Kreis liegen bleiben, kommen für die nächste Spielrunde wieder in die Vertiefung. Das Spiel geht so lange weiter, bis sich keine Kugel mehr in der Mulde befindet. Wer besitzt am Schluss die meisten Klicker?

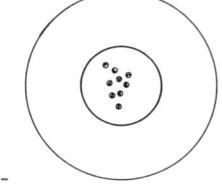

Klickerbahn

Material: Je Spieler 5 Murmeln der gleichen Farbe.
Spielbeschreibung: Bei den Jüngeren ist die Klickerbahn besonders beliebt. Unzählige Male wiederholen sie den gleichen Spiellauf. Den größeren Kindern geht es mehr um das Herstellen der Klickerbahnen. Aus feuchtem Sand wird ein spitzer Turm geformt und vorsichtig mit der flachen Hand festgeklopft. Um den Turm herum formen die Kinder in einer engen Spirale eine steile, möglichst glatte Bahn. Um den Spielreiz zu erhöhen und das Spiel noch lustiger und spannender zu gestalten, werden zwischen den Bahnen hier und dort »Verbindungstunnels« geschaffen, die auch ins Leere führen. Jedes Kind erhält fünf Murmeln der gleichen Farbe. Nacheinander setzen sie ihre Murmeln an der Spitze des Turmes auf die Bahn und lassen sie in schneller Fahrt die Spirale hinabrollen. Die Verbindungstunnels können dabei den Weg abkürzen oder die Murmel aus der Bahn schleudern. Von der Bahn gekommene Kugeln dürfen nicht wieder aufgesetzt werden. Wer bringt die meisten Klicker ins Ziel?

Die Murmeln in meiner Hand

Material: Je Spieler ein Säckchen mit Murmeln.
Spielbeschreibung: Murmeln waren auch immer Gegenstand kleiner Ratespiele. Das erste Kind schließt höchstens 7 Murmeln in seiner Hand ein und fragt seinen Spielpartner: »Wie viele habe ich in meiner Hand?« Das zweite Kind versucht, die Zahl zu erraten. Falls es richtig rät, hat es Anspruch auf alle Murmeln des Gegners. Nennt es eine falsche Zahl, muss es dem anderen so viele Murmeln geben, wie der Unterschied zwischen der geratenen und der tatsächlichen Anzahl der Murmeln in dessen Hand beträgt.

Paar und Unpaar

Material: Je Spieler eine ausreichende Menge an Murmeln.
Spielbeschreibung: Ein Kind greift in die Tasche und hält dem Gegner die geschlossene Hand hin mit den Worten: »Paar oder Unpaar?« Trifft der Mitspieler mit seiner Antwort das Richtige, so bekommt er die Murmeln, andernfalls muss der Ratende die gleiche Anzahl zugeben.
Anmerkung: Bei diesem Spiel wurden erfahrungsgemäß die meisten Murmeln umgesetzt, und wer bei anderen Spielen mühsam eine stattliche Anzahl Murmeln ergattern konnte, wurde sie hier wieder los.

4.6   Ballprobe, Suppenteller und Figurenflittern – Spiele mit dem Ball

Ballspiele gehören zu den ältesten Spielen, die wir kennen. Sie sind sowohl auf Abbildungen der alten Ägypter wie auf altchinesischen Bildern mehrfach dargestellt worden.

Im alten Europa wie auch anderswo auf der Welt hatte das Ballspiel ursprünglich eine kultische Bedeutung. Der Ball war anscheinend das Symbol für die Fruchtbarkeit erzeugende Sonne. Auch das Spiel mit dem Reifen und das Kreisspiel haben ihre Beziehung zur kosmischen Kugel, zum Sternenkreis und zum Sonnenrad – alles Formen, die zu den ersten Wahrnehmungen des Menschen gehören.

Bei den Griechen galt das Ballspiel als eine natürliche Anregung zu Tanz und Gesang. Rainer Maria Rilke beschreibt das Ur-Verhältnis zwischen Mensch und Ball mit den Worten:

»Du zwischen Fall und Flug
noch Unentschlossener, der, wenn er steigt,
als hätte er ihn mit hinaufgehoben,
den Wurf entführt und freilässt, und sich neigt
und einhält und den Spielenden von oben
auf einmal eine neue Stelle zeigt,
sie ordnend wie zu einer Tanzfigur.«

Im Mittelalter war das Ballspiel bei den romanischen und germanischen Völkern besonders beliebt. Sie waren neben den Reigen die typischen »Hauptbelustigungen« des Frühlings. Außer Ballwerfen und -fangen gab es nachweislich auch Schlagball, bei dem der Ball mit einem Stock (Pritsche) geschlagen wurde, um ihn weit fortzutreiben.

Im Mittelalter war das Ballspiel für Erwachsene so unentbehrlich, dass man in zahlreichen Städten besondere »Ballhäuser« errichtete, in denen man sich bei schlechtem Wetter ungehindert diesem Vergnügen hingeben konnte. Johann Fischart schildert in seinem Gargantua (1575) diese Gebäude als gewaltige Bauwerke ohne Etagen und Zimmer. Man mag gar nicht glauben, dass die Menschen im scheinbar so finsteren Mittelalter recht lebenslustig und heiter gewesen sein müssen. Und wer kennt heute noch die ursprüngliche Bestimmung, wenn von »Ballhäusern« und »Ballhausorchestern« die Rede ist?

Friedrich Fröbel (1782–1852) ging mit pädagogischer Umsicht auf den Ball als Spielzeug des Kindes ein und bezeichnete ihn als besonders geeignetes *»Mittel zur Pflege des Beschäftigungstriebes«*.

Als Kinder haben wir uns über all diese Hintergründe des Ballspiels natürlich keinerlei Gedanken gemacht, dafür haben wir Ballspiele wegen des Bewegungsreichtums immer besonders geliebt. Der Ball war und ist für das Kind so etwas wie ein »verlängerter Arm«, der weggeworfen wird, damit er schnell wieder zurückkommt. Er verbindet die Spieler wie durch ein unsichtbares Band.

Ballschule – Ballprobe – Ball an die Wand

Drei verschiedene Namen für ein und dasselbe, vorrangig bei Mädchen beliebte Ballspiel. Es gilt, einen Ball unter verschiedenen Schwierigkeitsgraden gegen eine Wand zu werfen und ihn zu treffen oder zu fangen.

Die verschiedenen Übungen beziehungsweise »Ballproben« können allein, mit einem Partner oder zu mehreren durchgespielt werden. Die Kinder wechseln sich dann jeweils ab. Einige Beispiele:

1. Den Ball mit beiden Händen oder mit einer Hand an die Wand werfen, ihn dann auf den Boden aufprellen lassen und wieder auffangen.
2. Den Ball mit der rechten Hand werfen und ihn nur mit der rechten Hand fangen.
3. Den Ball mit der linken Hand werfen und mit der linken Hand fangen.
4. Den Ball mit beiden Händen werfen, in die Hände klatschen und den Ball mit beiden Händen fangen.
5. Der Ball wird mit beiden Händen hinter dem Rücken gehalten und von da aus an die Wand geworfen und wieder gefangen.
6. Mit der Faust, dem Unterarm, dem Kopf oder dem Knie wird der Ball ein oder mehrere Male gegen die Wand gestoßen.
7. Den Ball unter dem rechten Knie hindurchwerfen, ihn mit der linken Hand fangen.
8. Den Ball mit der linken Hand unter dem linken Knie hervorwerfen und ihn mit der rechten Hand fangen.
9. Zuerst wird der Ball auf den Boden geprellt, dann soll er die Wand berühren, dann aufgefangen werden.

Beim Spiel fallen den Kindern immer neue Wurfmöglichkeiten ein. So muss der zurückprallende Ball z. B. in folgender Reihenfolge zurückbefördert werden:

1. Mit der flachen rechten Hand
2. mit der flachen linken Hand
3. mit beiden Händen
4. mit der rechten Faust
5. mit der linken Faust
6. mit zusammengelegten Händen (Schiffchenform).

Eine weitere Variante ist die »Fünfzigste Probe«. Ein Kind erhält den Ball und muss ihn gegen eine Mauer werfen:

- 50-mal mit gefalteten Händen
- 40-mal mit nach innen gefalteten Händen
- 30-mal mit der Faust
- 20-mal mit der Brust
- 10-mal mit dem Kopf
- 5-mal mit dem Arm.

Verloren hat, wer die ganze Ballprobe zuletzt besteht.
Material: Wurfbälle.

Zappelball

Material: 1 Wurfball.
Spielbeschreibung: Zwei Kinder stehen sich gegenüber und werfen sich einen Ball zu. In der Mitte steht ein weiteres Kind, das versucht, den Ball abzufangen. Gelingt es ihm, muss der Werfer des Balles, den er gefangen hat, in die Mitte. Gelingt es ihm nicht, muss er so lange in der Mitte bleiben, bis er den Ball fängt.

Namenball

Material: 1 Wurfball.
Spielbeschreibung: Die Kinder bilden einen Kreis. Ein Kind in der Mitte bekommt einen Wurfball. Beim Hochwerfen des Balles ruft es den Namen eines anwesenden Kindes. Ob der Ball von diesem gefangen wird oder nicht, jedes Kind sollte einmal einen Mitspieler aufrufen können.

Name an die Wand

Material: 1 Wurfball.
Spielbeschreibung: Bei dieser Spielvariante wirft ein Kind den Ball an die Wand. Dabei ruft es den Namen eines anderen Spielers. Der Aufgerufene muss den Ball greifen, ihn gegen die Wand werfen und einen anderen aufrufen, dann laufen die anderen von der Wand weg. Sobald der Aufgerufene den Ball in den Händen hält, ruft er »stopp«. Alle bleiben stehen. Der Aufgerufene wirft auf einen der anderen. Trifft er ihn, so muss der Getroffene den Ball greifen. Die anderen laufen weiter fort. Hat er ihn, ruft er »stopp«. Er wirft wieder einen ab, der dann den Ball greifen muss und so weiter. Trifft er jedoch nicht, dann scheidet er aus.

Bußball

Material: 1 Wurfball.
Spielbeschreibung: Die Kinder stehen in Kreisform und werfen sich einen Ball zu. Jeder Spieler muss den Ball fangen. Gelingt es ihm nicht, muss er dafür »büßen«, indem er sich z. B. hinkniet und in dieser Lage weiterspielt. Fängt er den Ball, kann er sich wieder hinstellen. Gelingt es ihm auch beim zweiten Mal nicht, muss er sich auf den Bauch legen und aus dieser nicht gerade günstigen Position weiterspielen. Will er wieder stehen, muss er den Ball dreimal hintereinander fangen und so weiter. Den Kindern fallen bei diesem Spiel immer neue, schwierigere Bußen ein.

Eselsball

Material: 1 Wurfball.
Spielbeschreibung: Vier Kinder stellen sich in die Ecken eines Quadrates und spielen sich der Reihe nach einen Ball zu. Wer den Ball nicht fängt oder schlecht zuspielt, sagt laut: »E«, beim zweiten Fehler »S«, beim dritten »E« und beim vierten »L«. Wer als Erster das ganze Wort buchstabiert, verliert, und das Spiel beginnt von Neuem.

Kreisspiel mit Ball

Material: 1 Wurfball.
Spielbeschreibung: Die Kinder verabreden zuerst, welche Wörter geraten werden sollen, ob z. B. Namen, berühmte Menschen, Länder, Städte, Tiere oder Pflanzen. Dann wirft ein Kind einem anderen den Ball zu und ruft dabei z. B. das »L«. Jetzt muss der Ballempfänger ganz schnell einen Namen finden (Lübeck, Luxemburg, Leopard usw.). Dann gibt er den Ball weiter. Findet er keinen Namen, scheidet er aus. Ein schnelles Spiel, an dem viele Kinder teilnehmen können.

Pflockball

Material: 1 Pflock, 1 Brett, 1 kräftiger Stock, 1 Ball.
Spielbeschreibung: In der Mitte eines Spielfeldes wird ein stärkerer Pflock so hineingeschlagen, dass er etwa 25 cm aus der Erde herausragt. Auf das obere Ende legen die Spieler ein kleines Brett, das »Schäuflein«. Ein Spieler schlägt nun mit dem Stock auf das schmale Ende des Schäufleins, und der Ball fliegt hoch in die Luft. Die übrigen um den Pflock verteilten Spieler versuchen, den Ball zu fangen. Fällt der Ball wieder zu Boden, darf derselbe Spieler noch einmal schlagen. Sonst erhält der den Stock, der den Ball gefangen hat.

Anmerkung: Im 19. Jahrhundert war dieses eines der beliebtesten deutschen Volksspiele.

Suppenteller

Material: 1 Wurfball.
Spielbeschreibung: Die Kinder malen auf den Boden einen Kreis, der so klein ist wie ein Suppenteller. Zwei Kinder stehen sich gegenüber, haben also den Kreis zwischen sich. Sie sollen sich gegenseitig den Ball zuwerfen, dabei muss der Ball jedes Mal im Kreis aufspringen. Hat ein Kind den Kreis nicht getroffen, bekommt das andere Kind einen Punkt. Sieger ist, wer zuerst 20 Punkte erreicht hat. Beim nächsten Spiel wird die Entfernung vom Kreis etwas vergrößert.

Müde, matt, mausetot

Material: 1 Wurfball.
Spielbeschreibung: Die Kinder stellen sich in einem Kreis auf. Im Kreis wird ein Ball hin- und hergeworfen. Wer den Ball das erste Mal nicht fängt, ist »müde«, das zweite Mal »matt« und beim dritten Mal »mausetot«. Sieger ist, wer zuletzt übrig bleibt.

Hafenball

Material: 1 Ball.
Spielbeschreibung: Für dieses Spiel sitzen die Kinder mit gegrätschten Beinen im Kreis. Ein Ball wird durch den Kreis gekullert bis in einen »Hafen«. Zur Belustigung stellten die Kinder damals einen Mitspieler als »Stehaufmännchen« in den Kreis, das sich bei jedem Treffer entsprechend verneigte. Wichtig ist, dass sanft gekullert wird.

Strumpfschleuderball

Material: 1 kleiner Ball, 1 Strumpf.
Spielbeschreibung: Wir lassen einen kleinen Ball in einen Strumpf gleiten und machen direkt über dem Ball einen Knoten. Fertig ist der Schleuderball. Ein Kind fasst den Ball am Strumpfende an, wirbelt ihn mit ausgestrecktem Arm einige Male herum, bevor es ihn loslässt. Wie weit der Schleuderball dann fliegt und wo er letztlich landet, ist eine Sache der Übung. In etwa 10 bis 20 m Entfernung steht unser Partner, um den Strumpfball aufzufangen. Hat er ihn erwischt, muss er ihn zurückschleudern. Natürlich will auch das Fangen gelernt sein. Die Kinder üben das Werfen und Fangen immer erst eine Weile, bevor sie zu zählen beginnen, wie lange der Strumpfball beim

Hin- und Herwerfen in der Luft bleibt. Da man nie so genau weiß, wo der Schleuderball hinfliegt, braucht man für dieses Spiel viel Platz.

Jägerball

Material: 1 weicher Ball.
Spielbeschreibung: Auch ein Spiel, für das viel Platz benötigt wird, nämlich ein 50 x 50 Meter großes Spielfeld. Es können beliebig viele Kinder mitspielen. Durch Abzählreim wird ein »Jäger« bestimmt. Die anderen Kinder sind die »Hasen«. Der Jäger versucht nun, mit einem Ball die Hasen zu treffen. Die Getroffenen dürfen dem Jäger helfen, indem sie die Hasen zum Jäger treiben. Sind es mehrere Getroffene, können sie eine Kette bilden und den Hasen einkreisen. Den Ball darf jedoch nur der Jäger werfen.

Hut ab!

Material: Zeitungspapier, eventuell etwas Band, 1 Holzstab von ca. 1,5 m Länge, 1 alter Hut, 1 Wurfball.
Spielbeschreibung: Wir formen aus mehreren Zeitungsseiten eine Kugel als Kopf, der auf einem Stab befestigt und in den Erdboden gesteckt wird. Der Papierkopf erhält nun als Schmuck einen alten Hut. Von einer Abwurflinie aus versuchen die Kinder nacheinander, den Hut vom Kopf zu werfen.

Böckchensprung

Material: 1 Ball.
Spielbeschreibung: Die Kinder bilden einen Kreis. Ein Kind steht in der Mitte. Vom Kreis aus kullern sich die Kinder den Ball zu, mit der Absicht das Kind zu treffen. Es muss versuchen, durch »Böckchensprünge« auszuweichen.

Schatzball

Material: 3 kleine Bälle (Tennisbälle), leere Konservendosen oder Plastikflaschen.
Spielbeschreibung: Wir ziehen mit Kreide oder Steinchen zwei Kreise: einen großen von etwa 7 m Durchmesser, der einen kleinen Kreis von etwa 3 m Durchmesser einschließt.
Der kleine Kreis ist die »Burg«, in deren Mitte der »Schatz« ruht, zum Beispiel eine Dosenpyramide oder etwas Ähnliches. Am Rande des kleinen Kreises stehen 3–4 »Burgwächter« des Schatzes. Sie dürfen das Innere des kleinen Kreises nicht betreten.

Am Rande des größeren Kreises stehen beliebig viele »Räuber«. Auch sie dürfen ihre Linie nicht nach innen übertreten. Mit drei Bällen wird nun versucht, an den Wachen vorbei den Schatz zu treffen.

Die Burgwächter können mit allen Körperteilen abwehren. Punktsieger ist, wer von den Räubern die meisten Treffer erzielt.

Zielwerfen

Material: Tennisbälle, Korb oder Eimer.
Spielbeschreibung: Das Dosenwerfen war schon bei unseren Urgroßeltern Mittelpunkt eines jeden Kinderfestes. Beim Zielwerfen geht es ähnlich zu. Die Kinder werfen aus kurzer Entfernung drei kleine Bälle in einen Korb oder Eimer. Je nach Leistungsvermögen der Spieler wird die Entfernung des Korbes verändert.

Figurenfüttern

Material: 3 Tennisbälle, Pappkarton, Farbstifte, Schere, Hocker oder Tisch.
Spielbeschreibung: Eine Kinder- und Erwachsenenbelustigung auf alten Jahrmärkten war das »Figurenfüttern«. Eine große Kartonseite bekommt ein Gesicht mit einem riesengroßen Mund, der ausgeschnitten wird.

Den Karton stellen wir auf einen Hocker oder Tisch vor eine Wand. Wer von der Abwurflinie aus den Mund der Figur trifft und sie »füttert«, erhält eine kleine Belohnung. Jeder Spieler hat drei Würfe.

Figurenball

Material: 1 Wurfball.
Spielbeschreibung: Die Kinder zeichnen mit einem Stock oder mit Kreide eine Figur auf den Boden. Das erste Kind wirft den Ball in das Feld 1. Springt der Ball zurück, so darf er nicht gefangen werden, sondern wird mit einer Hand in das Feld 2 geschlagen. Gelingt dies dem Spieler nicht, ist der nächste an der Reihe. Wer zuerst ohne Fehler und in der richtigen Reihenfolge den Ball in alle Felder geschlagen hat, ist Sieger. Machen alle Spieler Fehler, so beginnt der erste wieder bei Feld 1.

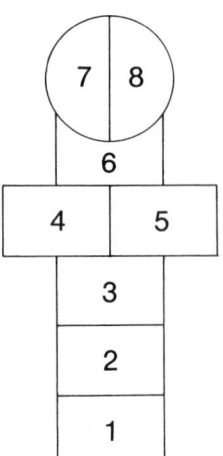

Burgverteidiger

Material: 1 Wurfball.
Spielbeschreibung: Die Kinder bilden einen Kreis. Die Gesichter zeigen nach innen, die Beine sind gespreizt. Außerhalb des Kreises versucht ein Kind einen Wurfball durch die gespreizten Beine der Verteidiger in den Kreis – den Burginnenhof – zu werfen. Die Beine dürfen nicht bewegt werden. Die Kinder verteidigen ausschließlich mit den Händen. Wer einen Ball durchlässt, übernimmt die Rolle des Werfers.

Ballversteck

Material: 1 Wurfball.
Spielbeschreibung: Für dieses Spiel benötigen die Kinder einen kleinen freien Platz im Garten oder eine Lichtung im Wald. Auf diesem Platz zeichnen wir ein Mal – einen Kreis von etwa 3 m Durchmesser. Im Kreis liegt ein Ball. Auch ein Mitspieler steht im Kreis. Die anderen Spieler verstecken sich nun in der Umgebung des Mals, müssen sich heranschleichen, den Malwächter ablenken und den Ball stehlen. Das Kind, das den Ball erwischt hat, wirft ihn weg, so weit es kann. Der Malwächter muss den Ball suchen und ins Mal zurückbringen. Dann erst darf er die fortgelaufenen Spieler suchen. Hat er einen erwischt und angetickt, so scheidet dieser aus dem Spiel aus. Der Malwächter muss jedoch sehr aufpassen, dass der Ball nicht schon wieder aus dem Mal geholt wird. Reaktionsvermögen und Schnelligkeit sind bei diesem beliebten Kinderspiel besonders gefordert.

Blumenball

Material: 1 Wurfball.
Spielbeschreibung: Sicher ist Ihnen dieses Spiel noch aus der eigenen Kindheit gut in Erinnerung. Die Kinder bilden einen Kreis und erhalten jeder einen Blumennamen. Ein Kind bekommt einen Wurfball und wirft ihn hoch, während es den Blumennamen eines Mitspielers ruft. Dieser muss den Ball auffangen. Der Vorgang setzt sich so lange fort, bis eines der Kinder den Ball verfehlt oder fallen lässt, und das Spiel beginnt von Neuem.

4.7 Hinkebock und Schnecke, Gummitwist und Länderklau – Hofplatz- und Hinkespiele

Höfe, Plätze, Bürgersteige und Straßen waren bis in die frühen 1960er-Jahre hinein die Spielorte für Kinder überhaupt. Mit zunehmender Bebauung und immer stärker werdendem Autoverkehr verschwanden diese beliebten Spielorte mehr und mehr. An ihre Stelle traten zum Teil äußerst einfallslos gestaltete öffentliche Kinderspielplätze, die ihre Besucher schon am Eingangsbereich mit entsprechender Verbotstafel begrüßen. Kindergärten sind heute oftmals einer der wenigen Orte unbefangenen Kinderspiels. Unsere Spielplätze sollten mehr den Charakter von »Spielgärten« haben, also nicht nur aus den üblichen Stahlrohr- oder Holzspielkonstruktionen bestehen, sondern auch Spielflächen für klassische Kinderspiele bieten. Der Vorteil von Hof- und Platzspielen lag schon immer darin, dass die Kinder in der räumlichen Nähe zum Elternhaus und auf einem relativ kleinen, überschaubaren Gelände ihren Spielen nachgehen konnten. Bäume, Büsche, Sträucher, Hausmauern, Wände, Hecken, Zäune und die spezielle Bodenbeschaffenheit waren dabei »stumme Partner«, die in die jeweiligen Spiele einbezogen wurden.

Hof- und Platzspiele, zu denen die verschiedensten Hinkespiele, Gummitwist, Seilspringen, kleine Fangspiele ebenso wie Länderklau, Radmühle und Hahnenkampf gehören, sind von besonderer Aktualität. Sie sind auf relativ kleinen Spielflächen spielbar und befriedigen neben dem Spielspaß das Bewegungsbedürfnis der Kinder in besonderer Weise.

Bocksprung

Spielbeschreibung: Ein Spieler stellt sich mit vorgebeugtem Oberkörper fest hin, die Arme eingezogen und die Hände fest auf die Knie gestützt. Die übrigen Mitspieler springen über ihn hinweg, indem sie durch Auflegen der Hände auf die Schultern des »Böckchens« einen Schwung geben. Wer zuerst hinübergesprungen ist, stellt sich in einiger Entfernung auch als Bock hin, der Zweite springt über beide und stellt sich wieder in einiger Entfernung auf. Dies findet so lange statt, bis alle über den zuerst Stehenden hinweggesprungen sind. Nun springt dieser über die gesamte vor ihm stehende Reihe und stellt sich vorn hin, dann der Folgende und so weiter.
Anmerkung: Von diesem alten Spiel wissen wir, dass es Napoleon I. gern von seinen Soldaten ausführen ließ und auch selbst mitspielte. Um 1800 herum hieß es deshalb auch »Napoleonssprung«.

Hammelsprung

Spielbeschreibung: Er ist schwieriger als der Bocksprung. Zwar springen die Kinder auch über die Gebückten hinweg, jedoch nicht von hinten, sondern von der Seite her. Die Kinder springen mit gegrätschten Beinen und stützen sich mit beiden Händen auf den Rücken der Gebückten.

Hinkebock

Spielbeschreibung: Durch Abzählen wird ein Kind zum Hinkebock. Es muss auf einem Bein hüpfend die übrigen Mitspieler verfolgen und mit der Hand oder dem Plumpsack versuchen, einen zu berühren. Wer so getroffen wird, ist jetzt der Hinkebock. Der Hinkende kann sich jederzeit auf einem Bein stehend ausruhen, setzt er jedoch den anderen Fuß auf den Boden, treiben ihn die anderen mit sanften Schlägen zum Mal zurück, das vor Spielbeginn als Ausgangspunkt markiert wurde.

Schnecke

Material: Stock oder Kreide zum Markieren, 1 kleines Steinchen.
Spielbeschreibung: Auf dem Spielfeld wird eine schneckenförmige Bahn in 12 Felder eingeteilt. Ein Kind beginnt, indem es vor Feld 1 ein Steinchen legt. Es hat nun die Aufgabe, diesen Stein auf einem Bein hüpfend von Feld 1 bis Feld 12 zu stoßen. Dabei muss der Stein immer genau in einem Feld landen und darf nicht auf einer Begrenzungslinie liegen bleiben. Auch der Hüpffuß darf die Linie nicht berühren. Passiert es doch, muss das betreffende Kind aussetzen. Ist es wieder an der Reihe, kann es dort weiterhüpfen, wo der Fehler passierte. Sieger ist, wem es als Erstem gelingt, die Schnecke fehlerlos hin und zurück zu hüpfen.
Variation: Jedes Kind hüpft von einem Feld zum anderen bis ins Zentrum zurück. Die Begrenzungslinien dürfen nicht berührt werden. Wer es fehlerlos schafft, darf die Anfangsbuchstaben seines Namens in ein beliebiges Feld zeichnen. Das nachfolgende Kind muss dann das gekennzeichnete Feld überspringen. Man selbst darf sich aber bei einem neuen Hüpfdurchgang dort ausruhen.
Anmerkung: Das Schneckenspiel, das die Kinder auf Florians Geburtstag so »geil« fanden, stammt noch aus vorchristlicher Zeit. Es ging aus kultischen Handlungen hervor und hieß im Volksmund auch »Steintanz«, »Wunderkreis«, »Adamstanz« und »Zaubertanz«.

Vierer-Hinkepott

Material: Stock oder Kreide zum Markieren.
Spielbeschreibung: In Schleswig-Holstein spielen die Kinder diese Spielvariante seit vielen Generationen. Zuerst zeichnen die Kinder ein Feld auf. Mit beiden Füßen wird dann in das erste Viereck, dann mit einem Fuß in die beiden nächsten Vierecke, dann wieder mit beiden Füßen in das obere Viereck und zurück gesprungen. Geschickte Spieler versuchen dasselbe mit den Beinen über Kreuz oder auf einem Bein mit geschlossenen Augen.

Himmel und Hölle

Material: Stock oder Kreide zum Zeichnen des Spielfeldes.
Spielbeschreibung: Für »Himmel und Hölle« zeichnen die Kinder einen Spielplan auf den Boden. Jeder einzelne Spieler muss dann auf einem Bein durch die Spielfelder hüpfen und einen Stein vor sich herstoßen. Die Linien dürfen beim Hüpfen nicht übertreten werden. Die Kinder flechten beliebige Variationen und Schwierigkeiten ein:

1. Die Hölle muss immer übersprungen werden. Im Himmel darf sich der Spieler vor dem Zurückspringen auf beiden Beinen ausruhen.
2. In die geteilten Felder hüpft man nur mit einem Fuß.
3. Die ungeteilten Felder dürfen mit beiden Füßen betreten werden.
4. In bestimmter Reihenfolge sind verschiedene Sprungarten durchzuführen: einbeinig vorwärts, einbeinig rückwärts, und zwar jeweils mit einer halben Drehung, sodass das Kind nach dem Sprung in der entgegengesetzten Richtung steht, mit gekreuzten Beinen hüpfen.

Kinder, die den Spielplan fehlerfrei durchhüpfen, dürfen ein beliebiges Feld mit dem Stock (oder mit der Kreide) durchkreuzen. Es darf dann von anderen Mitspielern nicht mehr betreten werden.
Varianten: Die Bezeichnungen dieses Spiels sind ebenso vielfältig wie seine Varianten. Es entstanden Namen wie »Paradies- und Himmelhüpfen«, »Tempelhüpfen«, »Wochenhüpfer«, »Hüpfeldrei«, »Briefhüpfen«, »Hinkepott mit Hexenhaus« und viele andere mehr.

Es gibt verschiedene Spielfelder:

Storch und Frösche

Spielbeschreibung: Die »Frösche« hüpfen in kauernder Stellung um den »Storch« herum. Der steht auf einem Bein und versucht ebenfalls hüpfend, einen Frosch zu fangen. Hat er einen erwischt, löst dieser ihn als »Storch« ab.

Froschhüpfen

Spielbeschreibung: Die Kinder gehen in die Hocke und stützen die Arme in die Hüften. Auf ein Kommando hüpfen sie vorwärts bis zu einer vorher festgelegten Ziellinie. Wer kommt zuerst ins Ziel?

Sackhüpfen

Material: Kartoffelsäcke (sofern sich noch echte Jutesäcke auftreiben lassen).
Spielbeschreibung: Akteure wie Zuschauer haben gleichermaßen Spaß an dieser Unterhaltung. Jeder Spieler klettert in einen Sack hinein, zieht ihn bis zur Brust und hält ihn mit beiden Händen fest. Auf ein Zeichen versucht jeder »Sackhüpfer«, die etwa 10–15 m entfernte Ziellinie zu erreichen. Wer umfällt, muss schnell wieder auf die Beine kommen – und weiter geht's. Gegebenenfalls helfen die Zuschauer. Das Spiel lässt sich als Zweier- und als Gruppenwetthüpfen durchführen.
Anmerkung: Wohl jeder hat schon einmal als Kind an einem Sackhüpfen teilgenommen. In Johann Fischarts Spieleverzeichnis (1590) war diese uralte Kinderbelustigung als »Sackzucken« aufgeführt.

Wetthinken

Spielbeschreibung: Jedes Kind fasst einen Fuß mit der Hand, winkelt das Bein an und hinkt auf »Los!« bis zur Ziellinie. Wer den Fuß loslässt, scheidet aus oder muss von Neuem beginnen.

Der Kreis hüpft

Material: Ca. 3 m lange Schnur mit befestigtem Tennisball.
Spielbeschreibung: Die Kinder bilden einen Kreis. In der Mitte steht ein Kind und hält eine lange Schnur in der Hand. Am Ende der Schnur ist ein alter Tennisball befestigt. Während sich das Kind langsam herumdreht, bewegt es auch den Ball an der Schnur, sodass die Kinder im Kreis rechtzeitig hochspringen müssen, um nicht getroffen zu werden. So hüpft schließlich der ganze Kreis in die Höhe. Besonderen Spaß macht es, wenn der Ball recht schnell herumgewirbelt wird. Wer getroffen wird, geht in die Mitte.

Seilspringen

Material: 1 Springseil.
Spielbeschreibung: Ein Seil war für Kinder schon vor mehr als hundert Jahren ein einfaches aber vielseitiges Spielmittel. Das Seilspringen kann man allein oder mit meh-

Abb. 21: Kinder beim Seilspringen, um 1900. Zeichnung von Heinrich Zille.

reren spielen. Man ist auf keine feste Zahl von Mitspielern festgelegt. Allein hält das Kind in jeder Hand das Ende des Seils, das bis zu den Knöcheln herabhängt. Dann wird es von hinten über den Kopf nach vorne geschwungen, und das Kind springt, bevor das Seil die Füße erreicht, auf einem oder beiden Beinen darüber. Das Kind kann auch mit einem Bein hüpfen, abwechselnd links und rechts oder beim Springen vorwärts laufen. Auch lässt sich das Seil beim Schwingen kreuzen und vieles mehr. Das Ganze wiederholt sich, je nach Übung, langsam oder schnell. Um festzustellen, wie weit man kommt, bis man das Seil an die Füße schlägt, sagen die Kinder Verse auf wie: »Eins, zwei, drei, vogelfrei.«

Teddybär

Material: 1 langes, nicht zu leichtes Springseil.
Spielbeschreibung: Für dieses Spiel benötigt man viel Platz, ein langes, nicht zu leichtes Seil und drei Kinder. Zwei von ihnen halten das Seil jeweils am Ende fest und schwingen es herum. Das andere Kind muss im Springen genau das tun, was die Seilschwinger sprechen bzw. singen:

Teddybär, Teddybär, spring hinein!
Teddybär, Teddybär, heb dein Bein!
Teddybär, Teddybär, mach dich krumm!
Teddybär, Teddybär, ganz herum!
Teddybär, Teddybär, ruh dich aus!
Teddybär, Teddybär, spring hinaus!

Die Kinder singen auch:

Teddybär, Teddybär, dreh dich um!
Teddybär, Teddybär, zeig deinen Arm!
Teddybär, Teddybär, den anderen Arm!
Teddybär, Teddybär, zeig deinen Fuß!
Teddybär, Teddybär, den anderen Fuß!

Oder sie spielen eine weitere Variante:

Teddybär, Teddybär, spring herein!
Teddybär, Teddybär, mach dich krumm!
Teddybär, Teddybär, wirf mit Steinen!
Teddybär, Teddybär, sammel sie auf!
Teddybär, Teddybär, spring heraus!

Wurde gerufen: »Wirf mit Steinen!«, so wirft das springende Kind die kleinen Steine, die es schon zuvor in der Hand hatte, auf die Erde. Wird jedoch gerufen: »Sammel sie auf!«, so bemüht sich das Kind, die weggeworfenen Steine wieder einzusammeln, ohne das Springen einzustellen. Wer schafft diese schwierige Probe, ohne das Seil zu berühren?

Der Kaiser von Rom

Material: 1 großes Springseil.
Spielbeschreibung: Mithilfe eines uralten Kinderreims wird dieses Seilspiel zu dritt durchgeführt. Zwei Kinder halten wieder die Enden eines Schwungseiles und schwingen es im Kreis herum. Das dritte Kind muss immer, wenn das Seil unten ist, hochspringen und seine Aufgabe solange erfüllen, bis der folgende Text gesprochen ist:

Der Kaiser von Rom,
der hat einen Sohn,
der war noch zu klein,
Kaiser zu sein.
Drum bleib stehn!

Haben die beiden Seilschwinger den Text gesprochen, muss das springende Kind die Beine spreizen und das Seil genau zwischen die Beine schwingen lassen.

Doppelseilspringen

Material: 2 große Springseile.
Spielbeschreibung: Zwei Seile werden geschwungen, und zwar eines links herum, das andere rechts herum. Die Springer müssen in die Schläge hineinspringen, mehrmals hüpfen und dann wieder hinauslaufen. Dabei kann man sowohl mit dem linken oder rechten Fuß hüpfen oder mit geschlossenen Beinen springen.

Gummitwist

Material: 1 ca. 4 m langes Gummiband.
Spielbeschreibung: In den 50er- und 60er-Jahren war »Gummitwist« eines der beliebtesten Mädchenspiele im Freien. Beim Gummitwist spielen in der Regel drei Kinder zusammen. Benötigt wird ein etwa 4 m langes, an den Enden zusammengeknotetes Gummiband. Zwei Kinder stellen sich mit dem Gesicht zueinander in 2 m Entfernung auf. Sie spannen das Band um ihre Beine, sodass aus den Linien, die das Gummiband bildet, eine Gasse entsteht. Spielen nur zwei Kinder miteinander, so müssen sie sich einen niedrigen Pfahl, Baumstumpf oder einen Stuhl suchen, um den sie das Gummiband spannen können.

Bei Gummitwist-Proben geht es darum, dass ganz bestimmte Hüpfformen in der Gasse und mit den Gummisträngen in einer bestimmten Reihenfolge durchsprungen werden. Bei einem Fehler kommt ein anderes Kind an die Reihe. Jeder muss mit der Probe beginnen, die ihm vorher nicht gelungen war.

Vor Spielbeginn legen die Kinder fest, wer zuerst springt, wer als Zweiter, Dritter usw. Auch die Sprungfiguren und die Reihenfolge werden bei diesem Spiel, das Geschicklichkeit, Konzentration und Reaktionsvermögen verlangt, festgelegt.

Bei der ersten Sprungfolge spannen die Kinder das Gummiband in Fußknöchelhöhe, bei der zweiten – je nach Sprungvermögen – in Kniehöhe. Einige Sprungbeispiele:

1. Ein Kind springt aus dem Laufen heraus über die Gasse.
2. Beidbeinig wird in die Gasse gesprungen und zur anderen Seite hinaus.
3. Mit beiden Füßen wird auf das erste Gummiband gesprungen und über das zweite hinweg.
4. Mit beiden Füßen wird auf das erste und von da aus auf das zweite Gummiband gesprungen und vorwärts heraus.
5. In die Gasse kann man auch beidbeinig hinein- und wieder rückwärts hinausspringen.
6. Schwieriger wird es, wenn das erste Gummi beim Sprung über das zweite Gummi mitgenommen wird und das Kind beim Hüpfen vorwärts das Gummi abrutschen lässt.
7. Größere Kinder bauen Erschwernisse ein. So ändern z. B. die Gummibandhalter nach jedem Sprung die Stellung der Beine.

Zuerst grätschen, dann zusammen, dann wieder grätschen und zusammen. Der andere Spieler macht es jeweils umgekehrt. Bei einem Fehler tauscht der Springer mit einem der Halter.

Hof- und Platzspiele

Die meisten dieser Spiele wurden in der Nähe des Elternhauses gespielt, entweder auf dem Hof, an einer Hauswand oder auf der Straße.

Wer bewegt sich?

Spielbeschreibung: Ein Kind stellt sich an eine Wand. Die anderen stellen sich in etwa 10 m Entfernung in einer Reihe nebeneinander auf. Sie sollen sich jetzt Schritt für Schritt der Wand nähern. Sobald das an der Wand stehende Kind merkt, dass jemand vorgeht, wird er auf seinen Ausgangsplatz zurückgeschickt. Es kann aber auch nur einen oder fünf Schritte zurückgewiesen werden – als eine Art sanftere Bestrafung. Wer zuerst an die Wand kommt, stellt sich jetzt davor.

Umgedrehter Heringsschwanz

Spielbeschreibung: An diesem Spiel können beliebig viele Kinder teilnehmen. Ein Kind wird ausgewählt und stellt sich in etwa 20 m Entfernung von den anderen Spielern auf. Dann dreht sich das Kind mit zugehaltenen Augen einmal um sich herum und sagt deutlich: »Umgedrehter Heringsschwanz«. Hat sich das Kind wieder umgedreht und sieht noch jemanden laufen, dann muss derjenige noch einmal von vorn anfangen. Sieger ist, wer den »Heringsschwanz« zuerst erreicht hat.

Mutter, wohin darf ich reisen?

Spielbeschreibung: Durch Abzählreim wird ein Kind zur Mutter bestimmt. Die anderen sind ihre Kinder und stellen sich in etwa 20 m Entfernung von ihr auf. Nun fragen die Kinder nacheinander: »Mutter, Mutter, wohin darf ich reisen?« Die Mutter antwortet dann z.B. zum einen: »Nach Hamburg« (Lübeck, Berlin, Dresden usw.).

Das reisende Kind darf nun so viele Schritte auf die Mutter zu gehen, wie das genannte Reiseziel Silben hat. Bei Hamburg sind es also zwei Schritte. Wer zuerst bei der Mutter ist, hat gewonnen und übernimmt beim nächsten Spieldurchgang ihre Rolle.

Alle meine Entchen, kommt nach Haus!

Spielbeschreibung: Die Kinder grenzen ein Spielfeld ab. Auf dem Spielfeld »wohnt« hinter einem Busch oder Baum der »Wolf«. Die »Entenmutter« steht an der gegenüberliegenden Spielfeldbegrenzung und ruft: »Alle meine Entchen, kommt nach Haus« – Die Entchen: »Wir können nicht, der Wolf ist da!« – Mutter: »Was will er denn?« – Entchen: »Er will uns fressen!« – »Alle meine Entchen, kommt nach Haus!«

Nun laufen alle Entchen todesmutig los. Der böse Wolf sucht sich seine Beute. Das Spiel ist zu Ende, sobald die Entenmutter allein übrig geblieben ist.

Fischer, wie tief ist das Wasser?

Spielbeschreibung: Auf einem abgegrenzten Spielfeld stehen sich eine Kindergruppe und ein Fänger in etwa 20 m Entfernung gegenüber. Die Kinder wollen durch das »Wasser« auf die andere Uferseite des Sees und rufen dem »Fischer« zu: »Fischer,

Fischer, wie tief ist das Wasser?« Der Fischer nennt eine beliebige Zahl, z. B.: »100 Meter«. Die Kinder fragen: »Wie kommen wir hinüber??« Der Fischer schlägt eine Fortbewegungsart vor, z. B. »Auf einem Bein hüpfen!« oder »Auf allen Vieren!« oder »Im Galopp!«

Die Kinder müssen sich nun in der vom Fischer bestimmten Fortbewegungsart zur anderen Uferseite begeben, während der Fischer versucht, Kinder abzuschlagen. Beim nächsten Spieldurchgang müssen diese ihm als Fänger helfen. Auf der Spielseite wird hin- und hergespielt.

Lebendige Mühle

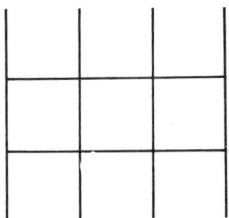

Material: Je drei blaue und drei rote Stoffherzen bzw. Farbbänder, 6 Sicherheitsnadeln.
Spielbeschreibung: Ein Spiel für die etwas größeren Kinder. In den Sand wird eine »Kleine Mühle« gezeichnet. Zwei Kinder suchen sich als »Figuren« je drei Mitspieler aus. Die Figuren des einen bekommen ein blaues, die des anderen ein rotes Stoffherz angeheftet. Zunächst setzt jeder Spieler eine blaue und eine rote Figur in das Feld. Hat jeder seine drei Figuren gesetzt, schiebt man abwechselnd eine der Figuren auf ein leeres Feld. Wer zuerst seine drei Figuren in eine gerade Reihe gebracht hat, besitzt die »Mühle« und ist Sieger.

Länderklau

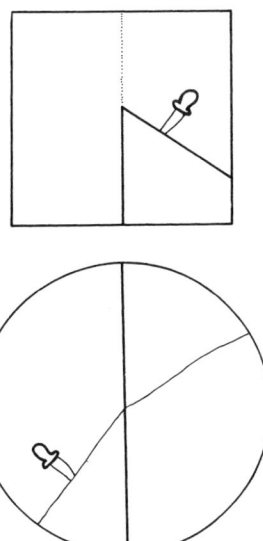

Material: 1 Taschenmesser.
Spielbeschreibung: Wir spielten »Land klauen« oder »Länderklau« am liebsten hinterm Haus auf einem festen Sandboden.

Für das Spiel, an dem 2 bis 4 Kinder teilnehmen können, wird zunächst mit einem Stock ein beliebig großes Quadrat auf den Boden gezeichnet, jedoch nur so groß, dass man ohne Übertreten ein spitzes Messer in die Mitte des Quadrats fallen lassen kann. Dieses muss in den Boden eindringen und stehen bleiben. Jetzt zieht der erste Spieler das Messer in Schneiderichtung bis an die Außenkante des Quadrats und gibt dann das Messer an den nächsten Spieler weiter, der es ebenfalls in die Mitte fallen lässt und in Schneiderichtung bis zur Außenkante zieht. So geht es weiter von Spieler zu Spieler. Sieger ist, wer am

Schluss das größte Stück Land besitzt. Übrigens: Weitergespielt werden darf immer nur, wenn die Klinge im Boden steckt, sonst ist der nächste Spieler an der Reihe.
Variante: Statt eines Quadrats wird als Spielfeld ein Kreis von etwa 2 m Durchmesser gezeichnet. Es spielen 2 Kinder. Durch einen dicken Strich wird der Kreis halbiert, sodass jedem Spieler die Hälfte gehört. Ein Spieler beginnt, indem er sein Messer in den gegnerischen Teil fallen lässt, sodass es aufrecht stehen bleibt. Wie sich das Messer neigt, so wird in dieser Richtung ein Strich bis zur Grenze gezogen. Das abgetrennte Stück gehört dem ersten Spieler. Fällt das Messer um, ist der andere an der Reihe. Der eine kann so dem anderen das ganze Land abnehmen.

Käsekästchen

Material: Steine, Stöckchen, Knöpfe, Muscheln oder Nüsse als Spielsteine.
Spielbeschreibung: Für dieses Spiel, an dem zwei Kinder teilnehmen, wird in den Sandboden ein Quadrat mit dreimal drei Feldern gezeichnet. Der eine Spieler erhält als Spielsteine z. B. drei Steine, der andere drei Nüsse (oder Knöpfe). Dann beginnt das Spiel, bei dem die Kinder abwechselnd in die Kästchen setzen und dabei versuchen, drei gleiche Steine in die Reihe zu bekommen.

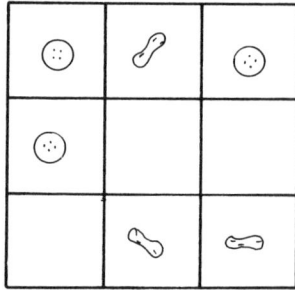

Sind alle Knöpfe und Nüsse gesetzt, beginnen die Spieler mit dem Umplatzieren. Dies geht solange, bis einer gewonnen hat.

Kegelkugel am Faden

Material: 9 Kegel, 1 Holzkugel (die zur Befestigung am Band durchbohrt sein sollte), festes Paketband.
Spielbeschreibung: Kegelspiele lassen sich in Deutschland bis ins 13. Jahrhundert zurückverfolgen. Was auf Schützenfesten oder als Gesellschaftsspiel Erwachsener in Dorfschenken sportlich betrieben wird, machte Kindern schon immer großen Spaß. Neben dem Rollen nach einem oder neun Kegeln ist die »Kegelkugel am Faden« oder der »Baumelschub« ein echter Klassiker des Kinderspiels.

Unter einem Baum – am besten im Garten – werden 9 Kegel wie gewöhnlich aufgestellt. An einem Ast hängt die (durchbohrte) Kugel, die beim ruhigen Herabhängen fast den Boden berührt. Ein Kind nach dem anderen zieht die Kugel etwas seitwärts, bringt sie in kräftige Kreisschwingung und lässt sie dann los, damit sie möglichst viele Kegel umwirft. Sieger ist das Kind, dem es gelingt, möglichst viele Kegel umzuwerfen.

Radmühle

Material: Steine, Knöpfe, Muscheln oder Murmeln als Spielfiguren.

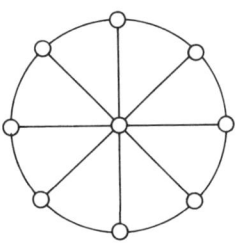

Spielbeschreibung: Ein sehr altes Spiel, das es vor dem
2. Weltkrieg auch als Brettspiel im Handel gab. Heute ist
es kaum noch zu finden. An dem Spiel können 2 Kinder etwa von 9 Jahren an teilnehmen. Der Spielplan ist
im Freien rasch auf den festen Sandboden gezeichnet, und
2 × 3 Spielfiguren (Steine, Knöpfe oder Murmeln) sind schnell
zur Hand. Zunächst wechseln die beiden Spieler abwechselnd die Steine. »Weiß« beginnt. Dann wird gezogen. Eine Mühle kann nur auf einer der vier Achsen geschlossen werden, auf einer Speiche. Da »Weiß« seinen ersten Stein auf die Radnabe setzen
wird, scheint er im Vorteil zu sein. Wenn »Schwarz« jedoch dessen andere Steine blo-
ckieren kann, kommt »Weiß« in Zugzwang und muss diese Position aufgeben. Das
Springen ist nicht erlaubt.

Ringwerfen

Material: Wurfringe, Stäbe, Flaschen, Weckringe.
Spielbeschreibung: Aus etwa 2 m Entfernung versucht jedes Kind, jeweils 3 Ringe um
einen im Boden steckenden Stab zu werfen. Es werden mehrere Runden gespielt. Sieger ist, wer am Schluss die meisten Treffer erzielt hat.
Variation: Gummiringe von Einmachgläsern werden aus 1 m Entfernung um aufge-
stellte Flaschen geworfen.

Pfennig an die Wand

Material: Für jeden Spieler ausreichend Centstücke (ca. 10–20 Stück).
*Spielbeschreibung:*Mehrere Kinder stellen sich nebeneinander in einer Reihe vor einer
Hauswand oder Mauer auf. Nun wirft jeder einen Cent (heute benutzen wir natürlich
Cent-Stücke) möglichst dicht an die Wand. Wessen Cent am dichtesten an der Wand
liegt, darf alle Centstücke einsammeln, muss jedoch ein kleines Kunststück vollbrin-
gen. Er muss alle Centstücke in die hohle Hand legen, sie dann mit einem Schwung in
die Höhe werfen, gleichzeitig schnell den Handrücken nach oben drehen, um so viele
Münzen wie möglich aufzufangen. Alle Centstücke, die er erwischt, gehören ihm.

Körbchen am Faden

Material: 1 kleiner Korb, Wollfäden, viele kleine Steine.
Spielbeschreibung: Die Kinder hängen einen kleinen Korb mit einem dünnen Wollfaden an einen Baummast (Teppichstange/Spielgerätestange) auf. Aus einem bereitgelegten Steinhaufen nimmt nun jedes Kind 10 möglichst kleine Steine und wirft sie der Reihe nach in den Korb. Wer einen Stein daneben wirft, nimmt sich einen neuen Stein aus dem Haufen. Ziel ist es, die Steine so schnell wie möglich loszuwerden, ohne dass der Faden reißt.

Kräftemessen/Übermütige Spiele

Tauziehen

Material: 1 langes Tau.
Spielbeschreibung: Beim klassischen Tauziehen bilden sich zwei gleichstarke Gruppen, die sich in der Reihe hintereinander gegenüberstehen. Nun nehmen sie ein Tau (starkes Seil) auf, das mindestens die Länge beider Reihen hat. Auf ein Kommando wird gezogen. Zwischen beiden Parteien haben wir einen Strich gezogen. Übertritt der erste Spieler einer Reihe den Strich, so ist seine Gruppe langsam am »Absterben«. Lautstark wird mehr Krafteinsatz gefordert. Das Spiel ist zu Ende, wenn die Kraft einer Reihe zusammenbricht.

Vierecktau

Material: 1 langes Springseil.
Spielbeschreibung: Die Kinder knüpfen ein sehr langes Springseil zu einem Ring zusammen. Vier Spieler stellen sich im Viereck auf und fassen das Seil so an, dass es auch ein Viereck bildet. In etwa 2 m Entfernung liegt hinter jedem Kind ein Ball, der weggerollt werden soll. Während die Kinder das Seil festhalten, ziehen sie so stark daran, dass sie mit dem Fuß den Ball erreichen. Derjenige, dem das zuerst gelingt, ist Sieger.

Kreistau

Material: 1 langes, dickes Tau.
Spielbeschreibung: Nicht um die Wette, sondern um Spaß und ein Gemeinschaftserlebnis geht es beim Kreistauziehen. Die Kinder stellen sich hierfür in einem Kreis auf und ziehen gemeinsam an einem zusammengeknoteten dicken Tau. Irgendwann purzelt der Kreis in sich zusammen.

Tauziehen ohne Tau

Spielbeschreibung: Auch ohne langes Tau kann man ein lustiges und durchaus kraftanstrengendes Tauziehen veranstalten. Die Kinder teilen sich in zwei gleich starke Gruppen, die sich hintereinander aufstellen. Die ersten Kinder jeder Gruppe stehen sich gegenüber und reichen sich die Hand. Alle anderen Kinder legen die Hände an die Hüften des vor ihnen stehenden Kindes. Die beiden Ersten geben sich die Hände und versuchen, sich über den Strich zu ziehen. Alle anderen Kinder helfen dabei dem Vordermann durch tatkräftiges Ziehen.

Engel und Teufel

Spielbeschreibung: »Ziehen und Zerren« oder »Engel und Teufel« heißt ein sehr altes Spiel, bei dem sich jeweils zwei Spieler gegenüberstanden, um sich mit den Händen einander über eine zuvor gezogene Grenze zu ziehen. Dieses »Seilziehen ohne Seil« – in Bayern ist es das als Bierzeltgaudi bekannte »Fingerhakeln« – lässt sich bis ins antike Griechenland zurückverfolgen. Damals wie heute hatten Erwachsene wie Kinder Spaß an dieser Belustigung. In der Schulzeit hat wohl jeder Junge einmal seine Kräfte beim Ziehen und Zerren, Fingerhakeln und Armdrücken auf der Schulbank ausprobiert, während die versammelten Mitschüler lautstark Beifall oder Buhrufe zum Ausdruck brachten.

Hahnenkampf

Spielbeschreibung: Die Kinder stehen sich paarweise in zwei Reihen gegenüber. Mit vor der Brust verschränkten Armen hüpfen sie dem Gegner auf einem Bein entgegen und versuchen, ihn durch Anstoßen aus dem Gleichgewicht zu bringen. Wer mit dem angehobenen Fuß den Boden berührt, scheidet aus. Die einzelnen Sieger stellen sich erneut zu Paaren auf und gehen aufeinander los wie vorher. Ein Kind bleibt zum Schluss als Hauptsieger übrig.

Ziehkreis

Spielbeschreibung: Ähnlich wie beim »Tauziehen ohne Tau« geht es hier zu. Die Spielerzahl ist unbeschränkt. Die Kinder bilden einen Stehkreis mit dem Gesicht nach außen und haken sich unter. Alle ziehen jetzt nach außen. Dabei drehen sie sich immer schneller, bis einer hinfällt und alle anderen ihm folgen.

Wasserpfütze

Spielbeschreibung: Ein Spiel für etwa 6–10 Kinder. Sie bilden einen Kreis und fassen sich an den Händen. In der Mitte wurde zuvor ein Kreis von etwa 40 cm aufgezeichnet (oder eine Zeitung hingelegt), der die »Wasserpfütze« darstellt. Die Kinder versuchen nun, einander so zu ziehen oder zu schubsen, dass eines mit dem Fuß in die »Pfütze« treten muss. Wer »nasse Füße« bekommt, scheidet aus.

Dreibock

Material: 3 ca. 1 m lange Stöcke, Paketband.
Spielbeschreibung: Drei Stöcke, die etwa einen Meter lang sind, werden zu einem »Dreibock« zusammengebunden. Der Bock wird aufgestellt und die Kinder stellen sich in einem Kreis um ihn herum. Alle fassen sich an, und einer versucht, den Bock umzustoßen, woran ihn die anderen hindern wollen. Die Kinder dürfen sich nicht loslassen. Hat einer den Bock dennoch umgestoßen, scheidet er aus, und ein anderer startet den Versuch. Das Spiel geht so lange, bis jeder einmal an der Reihe war.

Rücken an Rücken

Material: 1 dickes Seil.
Spielbeschreibung: Je zwei Kinder haben sich um ihre Taille ein Seil geschlungen und zu einem Ring verknotet. Sie stehen Rücken an Rücken und versuchen, durch Ziehen und Zerren den Gegner auf den Boden zu werfen. Wer zuerst unten liegt, hat verloren.

4.8   Mehlschneiden, Stille Post und Schweineschwanz – Zimmer- und Tischspiele

Spiele im Haus und am Tisch fanden früher vorwiegend in der Herbst- und Winterzeit, dann aber auch an unzähligen Kindergeburtstagen statt.

Altbekannte wie versunkene Klassiker sind Spiele wie Erbsenpicken, Mehlschneiden, Schokolade auspacken, Schweinchen zeichnen, Zublinzeln, Stille Post, Heiß oder kalt?, Tellerdrehen und Hühnchenrupfen. Diese Spiele erfreuten bereits die Kinder des 19. Jahrhunderts. Viele der alten Gesellschaftsspiele, die zu Hause gespielt werden, erlebten ihre »goldene Zeit« nach dem 2. Weltkrieg bis in die frühen 60er-Jahre hinein. Sie gehörten zum Repertoire von Spielnachmittagen in Kinder- und Jugendgruppen, oder sie waren das »Bonbon«, wenn in der Schule Unterricht von einem Vertretungslehrer gegeben wurde. Bis zurück in die Grundschulzeit sind manche dieser »wirklich guten Stunden« vielen Erwachsenen im Gedächtnis geblieben.

Spiele am Tisch

Watte pusten

Spielbeschreibung: Zu diesem Spiel sitzen alle Kinder im Kreis um einen Tisch herum. Auf dem Tisch liegt ein Stückchen Watte. Einer wirft es in die Luft und pustet dagegen. Jeder Spieler versucht jetzt durch Pusten, die Watte von sich abzuwehren. Die Hände dürfen nicht zu Hilfe genommen werden. Derjenige, bei dem die Watte hinfällt oder hängen bleibt, der muss ein Pfand abgeben.

Frau Meier ist krank

Spielbeschreibung: Alle Kinder haben sich um einen Tisch gesetzt. Eines sagt: »Frau Meier ist krank!« Ein zweites Kind: »Was hat sie denn?« Das erste Kind: »Einen krummen Zeh!«

So geht das die Reihe durch. Ist dann das erste Kind wieder dran, sagt es: »Frau Meier ist krank!« Das Zweite: »Was hat sie denn?« Das Erste: »Einen krummen Zeh und ein schiefes Mundwerk!« Dritte Runde: »Krummen Zeh! Schiefes Mundwerk! Augenzucken!« Vierte Runde: »Krummen Zeh! Schiefes Mundwerk! Augenzucken! Wackelt mit dem Kopf!«

Fünfte Runde: »Krummen Zeh! Schiefes Mundwerk! Augenzucken! Wackelt mit dem Kopf! Zappelt hin und her!«

So geht das Spiel unter Hinzufügung neuer Antworten weiter, bis einer den Anschluss verliert und somit ausscheidet. Wer bleibt bis zuletzt übrig und kann alle Krankheiten von Frau Meier aufzählen?

Erbsen picken

Material: Erbsen, Stecknadeln, Schälchen.
Spielbeschreibung: Ein aufregendes Spiel, das man zu zweit macht. Jedes Kind erhält zwei kleine Schälchen. Das eine ist mit Erbsen gefüllt, das andere ist leer. Mithilfe einer Stecknadel soll nun jeder Spieler auf ein Startzeichen hin beginnen, in die Erbsen hinein zu pieksen und sie so von dem vollen in das leere Schälchen hinüberzubefördern. Erbsen, die einmal auf den Tisch gefallen sind, zählen als nicht angekommen. Wer hat »eiserne Nerven« und die ruhigste Hand?

Schnipp-Schnapp

Material: Je Spielgruppe 10–20 Kartenpaare nach Wahl.

Spielbeschreibung: Bei diesem Spiel gilt es, möglichst viele Karten zu ergattern. Gespielt wird mit einem Quartettspiel nach Wahl oder mit Spielkarten.

Jedes Kind erhält, je nach dem verwendeten Blatt, 10–15 Karten. Sämtliche Karten müssen ausgegeben werden. Jeder legt seinen Kartenstapel verdeckt vor sich auf den Tisch.

Ein Mitspieler ruft »Schnipp!« Auf dieses Kommando dreht jeder seine oberste Karte um und legt sie offen neben den Kartenstoß. Zugleich sehen sich alle Spieler im Kreis um und stellen fest, ob einer der Mitspieler ein zur eigenen Karte passendes Blatt aufgelegt hat.

Beim Quartettspiel müsste es sich also um eine der drei anderen Karten handeln, die zur Karte des Spielers gehören. Beim Normalblatt, das wir bei älteren Kindern einsetzen können, wird auf eine ranggleiche Karte in beliebiger Farbe geachtet. Hat man also einen »König« aufgedeckt, sieht man sich nach einem zweiten um. Wer die Übereinstimmung zuerst entdeckt, ruft »Schnapp!« und kassiert die Gegenkarte ein. Falls unter dieser passenden Karte noch weitere Karten liegen, die beim vorherigen Schnipp-Rufen keine Interessenten gefunden haben, dürfen auch diese vereinnahmt werden.

Wer unberechtigterweise schnappt, muss die nächste Karte seines verdeckten Stapels in die Mitte legen. Sie darf beim nächsten »Schnipp« geschnappt werden. Ist ein Spieler alle Karten losgeworden, wird aufgehört und festgestellt, wer die meisten Karten ergattern konnte und somit Sieger geworden ist.

Geldsuche

Material: 1 Geldstück.

Spielbeschreibung: Bis auf einen Mitspieler haben sich alle Kinder um den Tisch gesetzt. Sie halten ihre geschlossenen Hände unter die Tischplatte. Ein Spieler hat ein Geldstück in der Hand. Jetzt gibt – so unauffällig wie möglich – ein Kind das Geldstück an seinen Nachbarn weiter. Der nicht am Tisch sitzende Mitspieler geht aufmerksam um den Tisch herum und versucht herauszukriegen, wo sich das Geldstück befindet. Dann sagt er: »Hände auf den Tisch!« und alle müssen ihre Hände auf die Tischplatte legen. Wenn er richtig errät, wer das Geldstück hat, darf er dessen Platz einnehmen, und das Spiel beginnt von Neuem.

Das Schokolinsenspiel

Material: 1 Beutel Schokolinsen, Papier.
Spielbeschreibung: Jedes Kind erhält fünf gleichfarbige Schokolinsen. Auf dem Tisch befindet sich ein Kreis. Mit einer aus Papier gefalteten Rinne lässt nun reihum jedes Kind die Linsen in den Kreis rutschen. Wer am Ende eines Spieldurchgangs die meisten Schokolinsen im Kreis liegen hat, darf alle aufessen und bekommt fünf neue. Der zweite Sieger bekommt vielleicht zum Trost eine Linse ab.

Lirum, Larum, Löffelstiel

Material: 1 Holzlöffel (notfalls tut's auch ein anderer).
Spielbeschreibung: Die Kinder sitzen im Kreis um einen Tisch herum. Ein Mitspieler nimmt einen Holzlöffel und klopft damit bei jeder Silbe auf den Tisch und spricht: »Lirum, Larum, Löffelstiel, wer das nicht kann, der kann nicht viel!« Dann übergibt er den Löffel seinem Nachbarn, wobei er allerdings eine von allen Nichteingeweihten als unwesentlich betrachtete Bewegung ausführt.

Der zweite Spieler soll nun in genau der gleichen Art und Weise den Löffel weiterreichen. Vergisst er dabei die verdeckte Bewegung, so muss er entweder ein Pfand abgeben, oder die Aktion wird in den nächsten Runden so oft wiederholt, bis auch der letzte Mitspieler verstanden hat, worauf es diesem Spieler ankommt.

Flohhüpfen

Material: Leicht gewölbte Knöpfe, kleiner Teller.
Spielbeschreibung: Schon lange bevor es das Flohhüpf-Spiel mit Plastikchips gab, spielten es Kinder mit Knöpfen. Dafür werden solche benötigt, die auf der Unterseite eine leichte Wölbung haben. Die Mitspieler erhalten je drei Knöpfe einer Farbe. In der Tischmitte liegen in einem geschlossenen Kreis 6–8 Knöpfe. Auf diese sollen die Spieler ihre eigenen Knöpfe im »Huckepack« aufladen. Jedes Kind nimmt einen seiner Knöpfe als »Schnipser« zwischen Daumen und Zeigefinger, legt ihn an den Rand eines Knopfes an und drückt ruckartig. Der untere Knopf schnellt nach vorne. Sieger ist, wer seine drei Knöpfe zuerst aufgeladen hat.
Variation: Jedes Kind versucht seine drei Knöpfe in einen kleinen Teller (Schälchen, Eierbecher) zu schnipsen.

Der Letzte gewinnt

Material: 30 Streichhölzer.
Spielbeschreibung: Die Kinder legen 30 Streichhölzer nebeneinander auf den Tisch. Zwei Spieler sitzen sich gegenüber, und jeder darf mit einem Mal bis zu 6 Hölzchen wegnehmen. Wer das letzte Hölzchen nimmt, hat gewonnen.

Schokolade auspacken

Material: 1 gut verpackte Tafel Schokolade, 1 Würfel, Mütze, Handschuhe, Schal, 1 Messer und 1 Gabel.
Spielbeschreibung: Alle Mitspieler sitzen um den Tisch herum. Es gibt einen Würfel, Handschuhe, Mütze und Schal, dazu Messer und Gabel und eine nach allen Regeln der Kunst mehrfach verpackte und mit Bindfaden verknotete Tafel Schokolade. Der Würfel geht von Hand zu Hand. Wer eine Sechs würfelt, zieht so schnell wie möglich die Kleidungsstücke an und macht sich mit dem Besteck ans Auspacken. Inzwischen würfeln die anderen Spieler weiter. Wem die nächste 6 gelingt, erhält sofort alle Utensilien und versucht nun seinerseits, sich zur Schokolade vorzuarbeiten. Wenn dies nun endlich gelungen ist, darf die Schokolade immer nur stückchenweise abgeschnitten und in den Mund gesteckt werden.
Anmerkung: Ein besonders lustiger Spieleklassiker, an dem schon viele Kindergenerationen ihre Freude hatten, besonders, wenn es um die Unterhaltung auf Geburtstagen ging.

Mehlschneiden

Material: 1 Tasse Mehl, 1 Ring (oder ein kleines Holzstückchen).
Spielbeschreibung: Für dieses uralte wie ewig junge Spiel wird auf einem Tablett eine prall mit Mehl gefüllte Tasse umgestülpt. Auf die Spitze des Mehlhäufchens wird ein kleiner Ring (oder ein Holzstückchen) hochgesteckt. Abwechselnd schneiden die Kinder mit einem stumpfen Messer ein Stück vom Mehlberg weg. Je mehr man zur Mitte kommt, desto behutsamer muss geschnitten werden. Denn wenn der Ring umfällt, muss das Kind versuchen, den umgefallenen Ring mit dem Mund herauszuheben. Dabei dürfen die Hände nicht benutzt werden. Die anderen Kinder versuchen durch lustige Bemerkungen und Grimassen, ihren Mitspieler zum Lachen zu bringen, damit er kräftig in das Mehl hineinpustet.

Groschenkicker

Material: 7 Groschen (4 für die Tore, 3 fürs Schnipsen).

Spielbeschreibung: Zwei Kinder stellen oder setzen sich jeweils an das Ende eines Tisches. Jeder Spieler legt zwei Groschen in einem Abstand von etwa 15–20 cm als Tor vor sich auf den Tisch. Durch Auslosen wird bestimmt, wer beginnt. Dieser Spieler nimmt drei restliche Groschen und wirft sie vor seinem Tor in die Luft. Von dort, wo sie liegen geblieben sind, versucht er nun, einen der drei Groschen immer durch die Mitte der anderen Groschen in Richtung des Tores zu schnipsen. Schafft er es nicht, kommt der andere dran. Gewonnen hat der Spieler, der seine Groschen mit der niedrigsten »Schnipps- bzw. Schusszahl« ins Tor des Gegners gebracht hat.

Merkwürdige Figuren

Material: Papier (DIN-A4-Blätter), Filzstifte.

Spielbeschreibung: Bei diesem alten Malspiel, an dem mehrere Spieler zugleich teilnehmen, zeichnet der erste oben auf einen Bogen Papier einen Kopf. Dabei ist es gleich, ob es ein Menschen- oder Tierkopf ist. Er faltet das Blatt so, dass man sein Werk nicht sehen kann, nach hinten um und gibt es an den Tischnachbarn weiter. Der nächste zeichnet nun den Hals und Brustkorb des Wesens weiter. Auch er knickt das Papier um und gibt es zum Nebenmann. Ist das Blatt reihum gewandert, wird es entfaltet. Jetzt können alle ein Wesen betrachten, das sich aus den merkwürdigsten Körperteilen zusammensetzt.

Schweinchen zeichnen

Material: Papierbögen, Stifte

Spielbeschreibung: Auf dem Tisch liegt Papier bereit. Jedem Kind werden die Augen verbunden. Es bekommt einen Stift in die Hand und erhält den Auftrag, blind ein Schweinchen (oder Kuh) zu zeichnen. Hat ein Kind sein Meisterwerk beendet, ist ein neues an der Reihe. Alle sind immer wieder überrascht, wie schwierig das Vorhaben ist und was letztlich dabei herauskommt.

Anmerkung: In einem Spielbuch aus dem frühen 19. Jahrhundert ist diese »Kinderbelustigung« bereits beschrieben, bei der einer nach dem anderen antritt.

Abb. 22: »Schweinchenmalen.«

Abb. 23: Fast »Schwein gehabt«: Dem blind gemalten Schweinchen sind nur ein Hinterbein und der Ringelschwanz abhandengekommen.

Spiele im Stuhlkreis

Zublinzeln

Spielbeschreibung: Ein altes und heute noch sehr beliebtes Spiel ist das »Zublinzeln«. Alle Spieler – außer einem – finden sich zu Paaren zusammen. Nun wird ein Stuhlkreis gebildet, d. h. jedes Paar erhält einen Stuhl, auch der »alleinstehende« Mitspieler. Einer der Partner setzt sich auf den Stuhl, der andere stellt sich dahinter. Nun muss der »alleinstehende« Mitspieler durch Zublinzeln versuchen, die Aufmerksamkeit eines der Mitspieler zu erregen, die auf den Stühlen sitzen, und der dann, wenn er es bemerkt hat, rasch aufspringt, um sich auf den leeren Stuhl zu setzen. Währenddessen müssen die hinter den Stühlen stehenden Mitspieler den »Blinzler« genau beobachten, ob er vielleicht ihrem Partner zublinzelt, um diesen dann gegebenenfalls durch Festhalten an den Schultern an der Flucht zu hindern. Der dennoch Verlassene blinzelt dann weiter. Die Spielleitung sollte darauf achten, dass alle – auch »Mauerblümchen« – einmal angeblinzelt werden.

Die Reise nach Jerusalem

Material: 1 beliebiges Musikinstrument oder CD-Player mit flotter Musik. Auch bei diesem Spiel benötigen wir einen Stuhl weniger als Spieler.
Spielbeschreibung: Im Wechsel – Stuhllehne rechts, Stuhllehne links – werden Stühle in einer Reihe aufgestellt. Jetzt wird die Musik gespielt und die Kinder gehen um die Stuhlreihe herum. Wird die Musik abgebrochen, versucht jeder Spieler so schnell wie möglich einen Stuhl zu erwischen. Wer keinen Stuhl bekommt, scheidet aus. Bevor ein neuer Rundgang beginnt, wird zuvor wieder ein Stuhl weggenommen. Sieger ist, wer bis zum Schluss übrig bleibt.

Tierstimmen

Spielbeschreibung: Jedes Kind gibt sich einen Tiernamen. Dann ruft ein Mitspieler z. B. »Hund«, und der »Hund« bellt. Jeder Mitspieler antwortet mit Lauten des Tieres, das er verkörpern will. Wer nicht umgehend antwortet, muss ein Pfand abgeben.

Feuer, Wasser, Luft und Erde

Spielbeschreibung: Bei diesem Spiel geht es sehr lebhaft zu. In der Kreismitte steht ein Kind, das mit dem Finger auf einen Mitspieler zeigt, dabei eines der Elemente »Luft«, »Wasser«, »Erde« nennt und dann sofort halblaut bis 7 zählt. Bevor es bis 7 gezählt hat, muss der Angesprochene ein Tier nennen, das in dem genannten Element lebt, also bei »Luft« etwa Spatz, Amsel, Schwalbe, Drossel usw. Gelingt ihm das, muss das im Kreis stehende Kind sein Glück bei einem anderen Mitspieler versuchen. Die Spieler achten darauf, dass Tiere nicht bzw. nicht zu oft wiederholt genannt werden. Schafft das angesprochene Kind es nicht, rechtzeitig ein Tier im richtigen Element zu nennen, ruft der im Kreis Stehende »Feuer« und alle müssen sofort die Sitzplätze tauschen. Dabei wird er versuchen, einen freien Stuhl zu erwischen. Wer keinen Platz erwischt hat, kommt jetzt in die Kreismitte.

Mein rechter Platz

Spielbeschreibung: Die Kinder stellen ihre Stühle zu einem Kreis zusammen. Ein Stuhl bleibt frei. Die Spielerin oder der Spieler links neben diesem freien Stuhl sagt: »Mein rechter Platz ist leer, ich wünsche mir … (Christian) … her!« Ist der Stuhl so besetzt worden, hat nun der jetzt links neben dem freien Stuhl Sitzende eine Chance, eine gewünschte Person neben sich zu bekommen.

Stille Post

Spielbeschreibung: Alle sitzen im Kreis. Anna flüstert ihrem rechten Nachbarn ein Wort oder einen Satz ins Ohr. Dieser gibt die verstandene stille Nachricht flüsternd an seinen Nachbarn … usw., bis das erste Kind schließlich seine eigene abgeschickte Nachrichtenpost hört. Nun sagt es laut, was es wirklich geflüstert hat und was aus der Nachricht geworden ist.

Ringlein, Ringlein, du musst wandern…

Material: 1 Ring (Gardinenring), 1 lange Schnur.
Spielbeschreibung: Wir ziehen einen Ring über eine lange Schnur, die zum Kreis geknotet wird. Die Kinder sitzen im Kreis und nehmen die Schnur in die Hand. In der Kreismitte steht ein Beobachter, der erraten muss, wo der Ring gerade ist, der von Hand zu Hand über die Schnur gezogen wird. Dabei singen die Kinder:

»Ringlein, Ringlein, du musst wandern
von dem einen Ort zum andern.
Da ist's hübsch, da ist's schön,
Ringlein, lass dich nur nicht sehn!«

Nachdem der Ring heimlich von Hand zu Hand geglitten ist, muss der Beobachter sagen, wer den Ring hat. Errät er es, muss derjenige in den Kreis, bei dem der Ring gefunden wurde, sonst bleibt er nochmals Beobachter.

Wortball

Material: 1 weicher Ball.
Spielbeschreibung: Die Kinder sitzen sich in einem Kreis gegenüber. Ein Spieler wirft einem anderen einen Ball zu und sagt dabei ein Wort, das aus zwei Hauptwörtern besteht, z. B. Gartenschlauch. Der Angesprochene mit dem Ball muss sofort ein neues Wort nennen, das mit dem zweiten Teil des ersten Wortes beginnt, z. B. Schlauchboot. Dabei wirft er den Ball einem anderen Mitspieler zu, der wieder eine Zusammensetzung nennen muss, z. B. Boot(s)-Mann. So geht es immer weiter, bis einer nicht weiter weiß, ein Pfand abgibt und ausscheidet.

Um die Wette mit Geschick und Schnelligkeit Apfelhüpfen

Material: 1 lange Schnur, verschiedene Leckereien (Früchte, Brezeln, Kekse, Würstchen).
Spielbeschreibung: Bereits die Griechen und die Mönche im 13. Jahrhundert (nach GuthsMuths 1796) hüpften nach einem »schwebenden Bissen«, indem sie einen Apfel, eine Feige oder sonstige Leckerei an einem Band befestigten und dieses wiederum mit dem anderen Ende an einen Baumast oder an eine waagerechte Stange banden, sodass sich die Frucht in Scheitelhöhe befand. Einer nach dem anderen versuchte nun, durch Hüpfen die Frucht mit den Zähnen zu erreichen. Wem es gelang, dem gehörte die Leckerei.
Wir kennen dieses Spiel von zahllosen eigenen Kindergeburtstagen. Zu Zeiten unserer Groß- und Urgroßeltern wurden auch mit Honig, Sirup oder Konfitüre gefüllte Brötchen (Semmeln) aufgehängt. Wie klebrig es dabei zuging, lässt sich heute jederzeit nachspielen.

Streichholz, bleib liegen!

Material: 1 leere Weinflasche, je Spieler ca. 10–20 Streichhölzer.
Spielbeschreibung: Ein schönes Spiel, das Konzentration und manuelles Geschick erfordert. Alle Kinder erhalten die gleiche Anzahl von Streichhölzern. Dann wird in die Mitte des Raumes eine Flasche gestellt. Einer nach dem anderen legt jetzt ein Streichholz auf die Flaschenöffnung. Jeder kann seine Streichhölzer so legen, wie er möchte, sie dürfen nur nicht herunterfallen. Wer das Pech hat, dass bei seinem Legemanöver die Streichhölzer herunterfallen, muss alle aufnehmen und zu seinem Vorrat legen. Gewinner ist, wer sich als Erster aller seiner Streichhölzer entledigt hat.

Tellerdrehen

Material: 1 alter Frühstücksteller (Holzteller/Plastikteller).
Spielbeschreibung: Für dieses Spiel benötigen wir einen alten Frühstücksteller. Alle Spieler sitzen im Kreis. Ein Kind dreht am Boden den Teller und ruft dazu den Namen eines Mitspielers. Der muss ganz schnell in den Kreis springen und den Teller fangen, solange er sich dreht. Gelingt es ihm, darf er jetzt den Teller kreiseln lassen und einen anderen Spieler aufrufen.
Variation: Die Kinder geben sich Tier- oder Blumennamen oder Zahlen und Farben, die dann statt des Eigennamens aufgerufen werden.

Schachtelnasen

Material: 2 Hüllen von Streichholzschachteln.
Spielbeschreibung: Eine Gruppe wird in zwei gleichgroße Hälften geteilt. Jede Gruppe bekommt die Hülle einer Streichholzschachtel. Die ersten Spieler jeder Gruppe stecken sich die Hüllen auf die Nase. Ohne die Hände zu gebrauchen, sollen die Hüllen nun von Nase zu Nase wandern, bis sie wieder am Ausgangspunkt angekommen sind. Da die Hände nicht benutzt werden dürfen, ergeben sich bei diesem Spiel schöne Verrenkungen und Grimassen.

Der geschickte Stuhlkreis

Material: Siehe je nach Spielbeschreibung.
Spielbeschreibung: Nicht nur die Hüllen von Streichholzschachteln kann man weitergeben, sondern eine ganze Reihe anderer Dinge, an denen schon immer Kinder ihr Geschick erprobten. Ausgang für eine kleine »Geschicklichkeitskette« ist der Stuhlkreis. Es geht los:
1. Ein Geldstück gleitet von Finger zu Finger, ohne dass es herunterfällt.
2. Einen Tischtennisball wird vom rechten Handrücken auf den linken balanciert und dann dem Nachbarn weitergegeben.
3. Mit einem Trinkhalm wird ein Stück Papier angesaugt und so weitergegeben.
4. Ein Ring geht von Trinkhalm (mit den Zähnen gehalten) zu Trinkhalm.
5. Ein Turm aus übereinander gestapelten leeren Blechdosen wird weitergereicht, ohne dass er zusammenfällt. Das Stützen und Halten mit den Händen ist nicht erlaubt.
6. Die Kinder geben einen Ball von Löffel zu Löffel weiter.
7. Glasperlen, Murmeln und/oder Tischtennisbälle werden von Teller zu Teller weitergereicht.
8. Luftballons (oder ein Stock/eine Zeitung) werden mit den Beinen (mit den Füßen) weitergegeben.

Das »Wurre«-Spiel

Material: 1 großer Knopf, starker Zwirnfaden (ca. 60 cm lang).
Spielbeschreibung: Erinnern Sie sich noch? Durch zwei gegenüberstehende Löcher eines großen Knopfes wird ein starker Zwirnfaden gezogen und dessen Enden miteinander verknotet. Die zu beiden Seiten des Knopfes entstandenen Schlaufen werden jetzt auf beide Zeigefinger gestreift. Der in der Mitte stehende Knopf wird in kreisende Schwungbewegungen versetzt, dabei dreht sich der doppelte Faden zusammen. Durch Spannen und Lockern der Zwirnschlaufe kommt der Knopf ins Rotieren, wobei sowohl ein Rechts- wie ein Linkslauf entsteht. Das dadurch entstehende »Wurrwurr«-Geräusch gab diesem Spiel im 19. Jahrhundert seinen Namen.

Wer kann …?

Ging es eben noch um kleine Geschicklichkeitsspiele für die Gruppe, so können jetzt kleine Künstler ihr Können in Solonummern unter Beweis stellen.
Wer kann …

… sich einen Hut über die Schuhspitze hängen und von dort mit dem Fuß so in die Luft befördern, dass er anschließend auf dem Kopf landet?

… mit verbundenen Augen eine Kette auffädeln (einen Baukasten einpacken)?

… eine Zeitungsseite (oder eine ganze Zeitung) mit den Füßen (barfuß) zerreißen. Die Fetzen sind mit den Füßen wieder aufzuheben und in einen Papierkorb zu befördern.

… einen Stock zwischen die Knie klemmen, damit durch den Raum gehen und ihn einem beliebigen Mitspieler zwischen die Knie stecken, ohne dass er herunterfällt?

… ein Lied pfeifen, während ein anderes Kind Grimassen schneidet?

… einen anderen zum Lachen bringen?

… eine leere Flasche auf den Boden legen, sich darauf setzen, die Beine wie ein Schneider gestreckt übereinanderlegen, ohne das Gleichgewicht zu verlieren und so eine Nadel einfädeln?

… am längsten auf einem Bein mit verschränkten Armen stehen?

Gedächtnisspiele

Schlapp hat seinen Hut verloren

Spielbeschreibung: Mehrere Kinder sitzen im Kreis. Durch Abzählen wird ein Kind bestimmt, das sich einen Mitspieler sucht, z. B. Martin, und den Spruch sagt: »Schlapp hat seinen Hut verloren. Martin hat ihn.« Martin gibt den »Hut« einem anderen Spieler weiter, jedoch muss jeder Vorname, der vorher genannt wurde, wiederholt werden. Das geht dann z.B. so: »Schlapp hat seinen Hut verloren, Martin hat ihn nicht, Johanna hat ihn« usw. Lebhaft und spannend wird es, wenn möglichst viele Kinder am Spiel teilnehmen, der »Hut« also schon oft hin- und hergegangen ist. Spieler, die einen Namen vergessen, scheiden aus.

Ich packe einen Koffer

Spielbeschreibung: Für diesen »Gedächtnis-Klassiker« sitzen die Kinder im Stuhlkreis. Ein Spieler beginnt: »Ich packe einen Koffer. In meinem Koffer ist … eine Jacke …«. Der Satz wird durch die Kinder erweitert, z.B. »eine Zahnbürste …« usw. Reihum wiederholt jeder den Satz des Vorgängers und fügt noch einen Satzteil hinzu. Sieger ist, wer den ganzen Satz ohne Fehler nachsagen und erweitern kann. Der Mitspieler, bei dem die Reihe stockt, muss ein Pfand abgeben.
Variationen: »In meinem Einkaufskorb ist …«, »Auf dem Bauernhof sind …«, »In der Stadt sehe ich …«

Eine Ente, zwei Beine

Spielbeschreibung: Bei diesem heiteren Gedächtnisspiel wird nicht selten die Zahl der Enten mit der Zahl der Beine durcheinandergebracht.

   Die Kinder sitzen im Kreis. Der erste Spieler sagt: »Eine Ente«, der zweite: »zwei Beine«, der dritte: »plumps«. Im Kreis geht es dann weiter herum: zwei Enten – vier Beine – plumps – plumps. Wer einen Fehler macht, beginnt wieder mit »Eine Ente« … Das Ganze lässt sich auch als Wettspiel durchführen.

Die Post

Material: 1 Tuch oder Schal.
Spielbeschreibung: Eine Spielvariante von »Blindekuh«. Ein Kind steht mit verbundenen Augen in der Mitte der Spielenden, die auf Stühlen im Kreis sitzen. Jeder Spieler hat einen beliebigen Städtenamen angenommen, die dem »Blinden« laut genannt worden sind, z.B. Berlin, London, Paris usw. Jetzt fragt der in der Mitte stehende Reisende: »Wohin soll ich fahren?« Antwort: »Von Hamburg nach Dresden.« Die betreffenden Kinder wechseln jetzt ihre Plätze. Erlangt der blinde Reisende bei dieser Gelegenheit einen verlassenen Sitz, so kommt ein anderer Spieler an die Reihe. Wenn nicht, geht das Spiel solange weiter, bis der Stehende endlich einen Sitz erobert hat.
Variante: Dieses Spiel lässt sich auch ohne verbundene Augen durchführen.

Schweineschwanz

Material: Draht, Sicherheitsnadel, großer Papierbogen oder Wolldecke, Stift oder Kreide, Schal.
Spielbeschreibung: Auf einen großen Papierbogen oder eine an der Wand befestigte Wolldecke wird ein Schwein ohne Schwanz gezeichnet. Vorher wurde aus Draht ein Ringelschwanz hergestellt und oben mit einer größeren Sicherheitsnadel versehen. Nun müssen die Spieler nacheinander mit verbundenen Augen den Schwanz am Schwein befestigen. Wem gelingt es am besten?
Variante: Früher benutzten die Kinder auf dem Lande durchaus einen echten Ringelschwanz für dieses Spiel, gewissermaßen als Trophäe vom häuslichen Schlachtfest.

Zielscheibe

Material: 1 großer Papierbogen, Malstift, Nadeln bzw. Tesafilm zum Befestigen, 1 Kochlöffel, Tuch oder Schal.
Spielbeschreibung: An die Wand haben die Kinder einen großen Papierbogen geheftet und etwa 6 immer kleiner werdende Kreise darauf gezeichnet, also etwa wie auf einer Zielscheibe. Die Spieler haben sich in etwa 4–5 m Entfernung aufgestellt. Stella bekommt einen Kochlöffel (mit Stiel nach vorn) in die Hand. Die Augen werden ihr verbunden. Dann geht sie mit dem vorgestreckten Löffel auf die Zielscheibe los. Wer landet die meisten Treffer?

Mit verbundenen Augen – Suchspiele

Hänschen, sag mal piep!

Material: Tuch oder Schal.
Spielbeschreibung: Alle Kinder sitzen auf Stühlen im Kreis. Nur ein Kind steht mit verbundenen Augen im Kreis. Es wird ein paar Mal herumgedreht und soll sich anschließend einem Kind auf den Schoß setzen. Sitzt es, sagt es: »Hänschen, sag mal piep!« Nun piept das betreffende Kind, ohne sich dabei z. B. durch Lachen zu verraten. Nur nach Gehör soll das Kind mit den verbundenen Augen, nicht jedoch mit den Händen herausbekommen, auf wessen Schoß es sitzt. Hat es richtig geraten, geht das andere Kind in den Kreis.

Wer steckt darunter?

Material: 1 Wolldecke.
Spielbeschreibung: Wieder sitzen alle Kinder im Kreis. Eines wird aus dem Raum geschickt, ein anderes unter eine Decke; lediglich die Schuhe (oder: Haare, eine Hand, ein Arm) sind zu sehen. Das erste Kind muss daran den Namen des »Untergetauchten« herausfinden.

Wer mag das sein?

Spielbeschreibung: Ein Ratespiel für die Kleinen im Sitzkreis. Ein Kind versteckt seinen Kopf im Schoß der Erzieherin. Ein anderes wird von dieser leise herangewinkt. Es stellt sich hinter das erste Kind und sagt mit verstellter Stimme, während es ihm zart auf den Rücken klopft: »Poch, poch, poch, wer mag es sein?« Dreimal darf das Kind raten. Hat es den richtigen Namen genannt, erfolgt Rollentausch.

Kochlöffeltasten

Material: 2 hölzerne Kochlöffel, Tuch oder Schal.
Spielbeschreibung: Alle Kinder sitzen im Kreis um Malte herum. Ihm wurden die Augen verbunden und zwei Kochlöffel in die Hände gegeben. Er geht jetzt auf die Sitzenden zu und versucht, mit den beiden Löffeln einen der Sitzenden zu ertasten. Errät er ihn, tauschen beide die Rollen.

Heiß oder kalt?

Spielbeschreibung: Bei diesem beliebten Kinderspiel verlässt ein Mitspieler den Raum. Die anderen verstecken jetzt einen beliebigen Gegenstand. Der Wartende wird hereingerufen und muss den Gegenstand suchen. Nähert er sich dem Gegenstand, sagen alle »warm«. Kommt er immer näher, so wird es »heiß«, »heißer«, »ganz heiß«. Entfernt sich der Suchende vom Gegenstand, so sagen die anderen z. B. »kalt«, »kälter«, »eiskalt« und so weiter.

Necken, Blödeln, Kräftemessen

Grimassenschneiden

Erwachsene tun es heute auch noch ab und zu, allerdings meist allein am Morgen vor dem Spiegel. Da schaut dann ein noch ziemlich müdes, zerknautschtes Gesicht von der Wand, das erst durch Grimassenschneiden auf den bevorstehenden Tag vorbereitet wird. Kinder sind hier zum Glück viel unbefangener. Das Grimassenschneiden war schon immer eine beliebte Kinderunterhaltung, konnte man sich dabei doch so richtig über andere – auch Autoritäten – und sich selbst lustig machen.

Hier nun zwei klassische Spielvarianten:

1. In einer Spielrunde müssen wenigstens zwei Kinder ganz ernst sein. Sie stellen sich gegenüber und sollen sich scharf in die Augen sehen. Die anderen bemühen sich, durch Grimassen beide aus der Fassung zu bringen. Wenn einer von ihnen lacht, bevor die Spielleitung langsam bis 20 (oder 30) gezählt hat, scheidet er aus, und das andere Kind sucht sich einen neuen Partner, der ihm in die Augen schaut, ohne zu lachen. Wer bleibt bis zuletzt ernst?
2. Ein Kind ist jeweils der Akteur, während die anderen so lange Zuschauer sind, bis sie an die Reihe kommen. Der Akteur zieht sich ein nicht zu festes Gummiband so über den Kopf, dass es auf der Nasenwurzel aufliegt. Nun soll er versuchen, es ohne Benutzung der Hände, nur durch die Bewegung seiner Gesichtsmuskeln von seiner Nase herunter zu befördern. Dabei entstehen die verrücktesten und schönsten Grimassen.
Material: Gummibänder.

Der lahme Johannes

Spielbeschreibung: »Hast du den lahmen Johannes gesehen?« fragt ein Kind seinen Mitspieler. Der antwortet mit »Ja!« – »Was tat er?« – Der Gefragte darf jetzt nicht antworten, sondern muss so lange auf einem Bein stehend allerlei Blödsinn (damals nannte man es »Schnurrpfeifen«) vormachen, der von allen nachgeahmt wird, bis dieses Kind an einen anderen die gleichen Fragen stellt.

Armer schwarzer Kater

Spielbeschreibung: Die Kinder sitzen im Stuhlkreis. Felix ist der arme schwarze Kater, der im Kreis herumkriechen muss. Er sucht sich ein Kind aus, bei dem er versucht, durch klägliches Miauen Mitleid zu erregen. Dabei vollführt der Kater die tollsten Verrenkungen. Trotzdem darf niemand Reaktionen zeigen. Das ausgesuchte Kind sagt: »Ach, du armer schwarzer Kater!« Verzieht er jetzt das Gesicht zu einem Lächeln oder lacht sogar, dann scheidet er aus und ein anderes Kind übernimmt seine Rolle.

Faxen-Fritz

Spielbeschreibung: Lustig wird's, wenn ein Kind aus einer größeren Spielrunde zum »Faxen-Fritz« ausgewählt oder ernannt wird. Dem Rhythmus einer Musik folgend, marschiert er durch den Raum. Alle anderen dürfen hinterhergehen und seine Faxen nachmachen wie z. B. Hüpfen, Trippeln, lange Schritte, federnder Gang, mit den Händen irgendwelche Bewegungen ausführen, Stelzen, Flügelschläge beim Laufen, Rückwärtsgehen, Zwergengang, Kriechen. Nach einiger Zeit tippt der »Faxen-Fritz« einen anderen an, der nun seine Rolle übernimmt und sich eine neue Bewegungsart ausdenkt. Nach einiger Zeit ist dann wieder ein anderes Kind dran.

Lustige Flaschenpost

Material: 1 leere Flasche.
Spielbeschreibung: Christian hockt im Kreis. Die anderen Kinder sitzen um ihn herum. Christian stellt nun eine lustige Frage (z. B. »Warum ist die Banane krumm?«) und dreht dabei die Flasche mit ordentlichem Schwung. Die Flasche zeigt auf Franziska. Sie gibt eine möglichst ebenfalls originelle Antwort und darf dann als nächste die Flasche drehen.

Löffelduell

Material: Je Kind 2 Löffel und 1 Kartoffel (Stein/Tennisball).
Spielbeschreibung: Je zwei Kinder stehen sich gegenüber. In jeder Hand halten sie einen Löffel. Der eine ist leer, auf dem anderen liegt eine Kartoffel. Während die Kinder mit den leeren Löffeln fechten, versuchen sie, die Kartoffel auf ihrem anderen Löffel zu behalten. Wessen Kartoffel bleibt am längsten im Löffel liegen?

Ballon-Kampf

Material: Luftballons, Bindfäden.
Spielbeschreibung: Jeweils 2 Kinder kämpfen miteinander. Jedes von ihnen hat einen Luftballon am Handgelenk, am Oberarm oder am Gürtel befestigt. Beide versuchen, den Ballon des anderen zum Platzen zu bringen.

Besen-Kampf

Material: 1 Besenstiel, beliebiger kleiner Gegenstand.
Spielbeschreibung: Auch ein Spiel für jeweils 2 Kinder. Sie halten einen Besenstiel am Ende fest. Keiner darf loslassen. Zwischen ihnen liegt auf dem Boden ein kleiner Gegenstand (Bleistift, Streichholzschachtel, Fingerhut). Beide versuchen, sich zu bücken und ihn aufzuheben. Erschwert wird die ganze Angelegenheit dadurch, dass der Gegner ihn aus dem Gleichgewicht bringen will. Beide Spieler schieben und ziehen an dem Besenstiel, um das Aufheben des Gegenstandes so schwer wie möglich zu gestalten.

Hühnchenrupfen

Material: Wäscheklammern oder Papierstreifen mit Tesafilm, Augenbinde.
Spielbeschreibung: Ein Kind wird zum »Hühnchen«. Ihm werden die Augen verbunden und 8–10 Federn (Wäscheklammern oder Papierstreifen) an der Kleidung befestigt. Die anderen Kinder versuchen jetzt, so viele Federn wie möglich zu rupfen. Wer vom Hühnchen dabei berührt wird, schlüpft beim nächsten Durchgang in seine Rolle.

4.9 Auf Mäusefang, Abdreschen und Scherenschleifen – Finger- und Handspiele

Früher kannten Mütter und Erzieherinnen viele alte Fingerspiele. Ihre Kenntnisse hatten sie aus einer lebendigen Überlieferung. Fingerspiele sind eine Art »kleines Theater der Hände« und von Mund zu Mund weitergetragenes Volksgut. So sind denn auch die Urheber und Verfasser der meisten Fingerspiele nicht bekannt.

Friedrich Fröbel sammelte viele einfache, volkstümliche Verse und gab sie 1844 in seinem Buch »Mutter- und Koselieder« heraus. In abgewandelter Form haben sich manche der über 150 Jahre alten Verse bis heute erhalten. Angehende Erzieherinnen zieren sich häufig, Fingerspiele in der Kindergartenarbeit einzusetzen. Sie finden sie albern und kindisch. Sicher entsprechen viele alte Fingerspiele nicht mehr unserem Zeitgeist, sind überholt und drücken aus heutiger Sicht eher eine künstelnde Heile-Welt-Sicht aus, die es sicher zu keiner Zeit gegeben hat.

Im Laufe der letzten vierzig Jahre sind zahlreiche Spielformen zerbrochen, und ebenso ist die Spielumwelt der Kinder verloren gegangen und eine andere geworden. Damit verbunden ist auch ein Verlust an Toleranz gegenüber Jahrhunderte alten Spieltraditionen.

Fingerspiele sind es wert, als kindgemäßes Mittel der Spielfreude und Unterhaltung bewahrt und gepflegt zu werden. Aus alten Inhalten können sich neue sprachliche Formen, schöpferische Spielideen und neue Variationen entwickeln.

Ursprünglich waren Fingerspiele eine von Kindern ausgehende Spielerei, bevor sie von Erwachsenen als Zeitvertreib und Belustigung für das Kind entdeckt und eingesetzt wurden. Im Mittelalter tauchte öfter ein Spiel unter der Bezeichnung »Zirlin Mirlin« auf (Rocholz 1857), das unter den Mädchen besonders gern gespielt wurde. Mit »Zirrlen« war ein Zupfen an den Fingern gemeint.

Fingerspiele gehörten immer schon zu den allerersten Spielen zwischen dem kleinen Kind und der Mutter. Sie schaffen neben Kniereiter- und Krabbelspielen den nötigen Kontakt zwischen Kind und Mutter. Nicht nur die emotionale Ebene, auch Sprache, Gedächtnis, Geschick und das Gefühl für Rhythmus und Harmonie werden angesprochen. Der Reiz liegt für die Kinder auch darin, dass die Spiele wiederholt werden. Auch im Kindergarten sind Fingerspiele nach wie vor eine gute Möglichkeit zum Abreagieren für die Kleineren. Die Finger wollen spielen und sich in Zappelmänner verwandeln. Alle Finger kommen an die Reihe. Und wenn sie nicht ausreichen, kommen auch noch die Füße und schließlich der Kopf zu Hilfe.

Wohl jeder von uns ist mit Fingerspielen wie »Es kommt ein Mäuschen …« oder »Das ist der Daumen …« aufgewachsen und kann sie heute noch aufsagen. Auf den folgenden Seiten finden Sie einfache Fingerspiele zum Necken und Kosen, Spiele, bei denen die Namen der Finger benannt werden, Spiele für alle Finger und Hände und schließlich Spielgeschichten für Finger.

Da kommt die Maus

Da kommt die Maus,
da kommt die Maus.
Klingelingeling!
Ist der Herr zu Haus?

Man krabbelt den Arm des Kindes hoch bis zum Ohr und klingelt dort am Ohrläppchen.

Backe, backe Kuchen

Backe, backe Kuchen,
der Bäcker hat gerufen:
Wer will guten Kuchen backen,
der muss haben sieben Sachen:
Eier und Schmalz,
Butter und Salz,
Milch und Mehl,
Safran macht den Kuchen gel'.
Schieb, schieb in Ofen 'nein.

Die Handflächen des Kindes werden erfasst und leicht gegeneinandergeschlagen, im Rhythmus des Reims. Zum Schluss wird die Bewegung des Broteinschiebens nachgeahmt.

Der ist in den Brunnen gefallen

Der ist in den Brunnen gefallen,
der hat ihn wieder raus geholt,
der hat ihn ins Bett gelegt,
der hat ihn zugedeckt.
Und der Kleine da,
der hat ihn wieder aufgeweckt.

Das Kind versucht es einmal selbst. Am Anfang nehmen Sie noch seine Finger, biegen sie nach innen, strecken sie aus und wackeln mit ihnen hin und her. Später kann es das Kind schon selbst.

Fünf Finger

Zum Däumchen sag ich eins,
zum Zeigefinger zwei,
zum Mittelfinger drei, zum Ringfinger vier,
zum kleinen Finger fünf!
Hab alle ins Bettchen schlafen gelegt,
still, dass keines sich mehr regt.

Mit dem Daumen beginnend werden bis zum kleinen Finger alle einzeln der Reihe nach gezeigt. Dann wird eine Hand in die andere gelegt und umschlossen [»Bettchen«].

Da kommt der Bär

Da kommt der Bär,
er tappt daher
und fragt, wo mein lieber (Felix) wär'?

Man spaziert mit zwei Fingern bis zum Hals des Kindes und krault es dann unterm Kinn.

Daumen, buck dich

Daumen, buck dich,
Zeiger, streck dich,
Großer, reck dich, Goldener, zeig dich, Kleiner, duck dich.

Der Erwachsene nimmt nacheinander die Finger des Kindes in die Hand und bewegt sie hin und her bei der dazugehörigen Zeile.

Das ist der Daumen

Das ist der Daumen,
Der schüttelt die Pflaumen,
Der liest sie auf,
Der trägt sie heim.
Und der kleine Schelm
isst sie ganz allein.

Bei jeder Zeile deutet man auf einen Finger. Mit dem Daumen beginnend wird von jedem Finger eine Tätigkeit erzählt. Dieser »Fingerspiel«-Klassiker stammte ursprünglich aus Thüringen und ist einer der wenigen, die heute noch fast jedes Kind kennt.

Zehn kleine Zappelmänner

Zehn kleine Zappelmänner zappeln hin und her.
Zehn kleinen Zappelmännern fällt das gar nicht schwer.
Zehn kleine Zappelmänner zappeln auf und nieder,
zehn kleine Zappelmänner tun das immer wieder.
Zehn kleine Zappelmänner zappeln rund herum,
zehn kleine Zappelmänner finden das nicht dumm.
Zehn kleine Zappelmänner spielen mal Versteck,
zehn kleine Zappelmänner sind auf einmal weg.

Dem Text entsprechend bewegen sich die Finger als »Zappelmänner« eifrig hin und her, bis sie zuletzt hinter dem Rücken des Kindes verschwinden.

Apfelbaum und Pflaumenbaum

Das ist ein Apfelbäumchen,
das ist ein Pflaumenbaum.
Sie hängen voller Früchte,
man sieht die Blätter kaum.

Da kommt der Wind geblasen,
huhu, der zaust sie sehr,
und das ist nicht zum Spaßen,
er zaust sie immer mehr.
Hu, jetzt wird's immer bunter,
und holterdipolter geschwind
plumpst alles, alles herunter –
vielen Dank, lieber Blasewind.

Die Kinder stützen die Ellenbogen auf und spreizen die Finger beider Hände als Baumkronen. Später wird geblasen und die Früchte purzeln hinunter.

Auf Mäusefang

Katzen können Mäuse fangen,
haben Krallen wie die Zangen,
kriechen über Boden und Dächer
und manchmal auch durch Mauerlöcher.
Leise, leise kommt die Katze –
fängt die Maus mit einem Satze.

Die Finger einer Hand sind die Mäuse, die auf dem Handrücken eines anderen Kindes herumtanzen. Zum Schluss kommt die Katze (andere Hand) und die Mäuse und die Hand des Spielpartners dazu.

Alle Katzen fliegen hoch

Spielbeschreibung: Die Kinder sitzen am Tisch und trommeln mit ihren Zeigefingern auf die Tischplatte. Die Spielleiterin ruft: »Alle Möven fliegen hoch!« und die Kinder heben ihre Hände in die Luft. Dann wird weiter getrommelt. Die Spielleiterin ruft z. B.:

Alle Bienen fliegen hoch!
Alle Tauben fliegen hoch!
Alle Hühner fliegen hoch!
Alle Flugzeuge fliegen hoch!

Jedes Mal werfen die Kinder ihre Arme in die Luft.

Schwieriger wird es, wenn die Spielleiterin ruft: »Alle Katzen fliegen hoch (oder Hunde, Pferde, Autos, Kühlschränke)!« Denn immer, wenn etwas genannt wird, das nicht fliegen kann, muss weitergetrommelt werden. Die Kinder dürfen ihre Arme hier nicht in die Luft werfen. Wer dennoch Autos und Pferde fliegen lässt, gibt ein Pfand ab oder scheidet aus.

Da droben auf dem Berge

Da droben auf dem Berge, da ist der Teufel los,
da zanken sich fünf Zwerge um einen dicken Kloß.
Der erste will ihn haben, der zweite lässt ihn los,
der dritte fällt in'n Graben,
dem vierten platzt die Hos',
der fünfte schnappt den Kloß und isst ihn auf mit Soß'.

Die linke Hand wird zum »Kloß« geballt, während sich die Finger der rechten Hand
zum Text eifrig um den Kloß streiten.

Himpelchen und Pimpelchen

Himpelchen und Pimpelchen
stiegen auf einen Berg.
Himpelchen war ein Wichtelmann
und Pimpelchen ein Zwerg.
Sie blieben lange da oben sitzen
und wackelten mit den Zipfelmützen.
Doch nach vielen, vielen Wochen
sind sie in den Berg gekrochen,
dort schlafen sie in guter Ruh'.
Seid ganz still und hört ihnen zu!
Krr … krr … krr.

Wir ballen die Fäuste und stellen den linken und rechten Daumen auf. Abwechselnd
wird die linke und rechte Faust nach oben bewegt (sie steigen auf den Berg). Dann
legen wir die Fäuste über dem Kopf aneinander (Berg). Zum Schluss ziehen wir die
Daumen in die Faust und ahmen Schnarchgeräusche nach.

Kätzchen und Milchtöpfchen

In der Küche auf dem Tisch
steht ein Töpfchen Milch, ganz frisch.
Kätzchen will sich dran erlaben
möchte von der Milch was haben,
steckt das Köpfchen in das Töpfchen,
trinkt und trinkt – o weh, das Köpfchen
kommt nicht in die Höh'.
Mit dem Töpfchen auf dem Köpfchen
läuft das Kätzchen in den Klee.

Die linke Hand bildet das Milchtöpfchen, die rechte Hand das Kätzchen, der Zeigefinger ist der Kopf. Am Ende sitzt die linke Hand auf dem Zeigefinger der rechten Hand, deren andere Finger fortlaufen.

Es tröpfelt und donnert

Es tröpfelt – es regnet,
es gießt – es hagelt,
es blitzt – es donnert,
alle Leute laufen schnell nach Haus.

Die Kinder klopfen mit allen zehn Fingern immer lauter werdend auf den Tisch – bis zum Donnerschlag mit der Faust. Dann sind alle Finger vom Tisch verschwunden.

Was wollen Sie?

Grüß Gott, grüß Gott, was wollen Sie?
Zucker und Kaffee!
Da haben Sie, da haben Sie.
Ade! Ade! Ade!
So warten S'doch, so warten S'doch! Sie kriegen noch was raus!
Behalten Sie's, behalten Sie's, wir müssen schnell nach Haus!

Die verschränkten Hände bilden das Verkaufspult, die ausgestreckten Mittelfinger, die sich im Rhythmus des Reimes bewegen, sind Verkäufer und Kunden.

Fünf Bäume steh'n im Garten

Fünf Bäume steh'n im Garten.
Die will ich fleißig warten,
damit sie im Herbst, nach sonnigen Tagen
recht viele schöne Früchte tragen.
Der Baum, der kleine Daumen,
trägt meist die schönsten Pflaumen.
Der Zeigefinger Birnen, süß und fein,
für Jungen und für Mädchen klein.
Der mittlere ist ein Apfelbaum,
der vierte ist ein Kirschenbaum.
Und dieses kleine Fingerlein
soll mein grüner Weinstock sein.

Das Kind streckt die Finger einer Hand der Reihe nach und zählt auf.

Fünf kleine Hühnchen

Fünf kleine Hühnchen seht ihr hier bei mir,
das eine, das ist fortgelaufen,
da waren's nur noch vier.
Vier kleine Hühnchen stehen in einer Reih',
das eine ist ins Nest gekrochen,
da waren's nur noch drei.
Drei kleine Hühnchen fanden mal ein Ei,
das eine hatte große Angst,
da waren's nur noch zwei.
Zwei kleine Hühnchen saßen im Sonnenschein,
dem einen wurde es zu warm,
da blieb nur eins allein.
Ein kleines Hühnchen sah 'nen stolzen Hahn,
und weil's nicht gern alleine war,
da nahm es ihn zum Mann.

Die Finger einer Hand bewegen sich entsprechend lebendig zum Text.

Der Händeturm

Spielbeschreibung: Zuerst legt Florian seine rechte Hand auf den Tisch. Darauf kommt die rechte von Felix, dann die von Anna und dann von Peter, Christiane und Lenka und dann legt Florian seine linke Hand darauf, dann Felix, Anna, Peter, Christiane und Lenka. Nun zieht Florian vorsichtig seine rechte Hand hervor und legt sie oben auf den Händeturm, dann folgen die anderen Mitspieler – erst langsam, dann immer schneller und schneller, bis die Reihenfolge sich auflöst und alles durcheinandergeht.

Handabklatschen

Spielbeschreibung: Wann haben Sie zum letzten Mal zwei Kinder gesehen, die sich mit erhobenen Händen gegenüberstanden und »Handabklatschen« spielten? Diese alte, besonders bei Mädchen beliebte Unterhaltung, erfordert manuelle Geschicklichkeit und Reaktionsvermögen. Die Spielpartner beginnen langsam und werden nach jedem Spieldurchgang schneller:

1. Die eigenen Hände werden zusammengeschlagen.
2. Linke und rechte Handflächen gegen rechte und linke Handflächen des Partners schlagen.
3. Die eigenen Hände wieder zusammenschlagen.
4. Die rechte Handfläche schlägt gegen die rechte Handfläche des Partners.
5. Wieder werden die eigenen Hände zusammengeschlagen.

6. Die linke Handfläche schlägt gegen die linke Handfläche des Partners.
7. Der Vorgang beginnt von Neuem und das Tempo steigert sich. Wer verhaspelt sich zuerst?

Scherenschleifen

Spielbeschreibung: Zwei Kinder sitzen sich gegenüber, wobei sie zum folgenden Spruch zuerst in die eigenen Hände klatschen, dann in die Hände des Partners, teils kreuzweise, dem Text entsprechend:

Scherenschleifen,
Scherenschleifen,
das ist die richtige Kunst;
die rechte Hand,
die linke Hand,
die geb' ich dir als Unterpfand.
Da hast du sie,
da nimm sie dir,
da hast du alle beide.

Abdreschen

Spielbeschreibung: Ein besonders bei Jungen beliebtes Spiel, für das sich zwei Spieler gegenüber aufstellen. Beide legen ihre Handflächen gegeneinander, wobei die Fingerspitzen die des Gegners berühren müssen. Dann geht es los: Wem es zuerst gelingt, mit einer Hand nach dem Handpaar des anderen zu dreschen und ihn dabei trifft, ist Gewinner der ersten Runde. Einfach ist das nicht, weil der andere Spieler seine Finger blitzschnell nach oben und nach unten bewegen kann. Für jeden Treffer gibt es einen Punkt und für jeden Ausweichversuch, bei dem einer seine Hände ohne Grund wegzieht, weil der andere z. B. eine Bewegung angedeutet hat, einen Punkteabzug. Wer die meisten Punkte macht, ist Sieger.

4.10 Wo liegt die Gans am wärmsten? – Rätsel und Ratespiele

Kleinen wie größeren Kindern macht es Spaß, Rätsel zu raten. Sie geben selbst gern welche auf und beschreiben dabei zunächst die Dinge aus ihrer Umwelt.

Rätsel und Ratespiele sind lustbetont und sprechen das unmittelbare Interesse des Kindes an. Beim Raten reproduzieren die Kinder ihre Vorstellungen, vergleichen und kombinieren. Zunächst eignet sich diese Spielform bestens für Gemeinschaftserlebnisse, wie zahllose Ratesendungen im Fernsehen immer wieder mit mehr oder weniger Niveau unter Beweis stellen.

Rätsel und Ratespiele waren schon vor einem Jahrtausend beliebter Bestandteil der Unterhaltung. Das älteste deutsche Rätsel vom »Vogel federlos« soll aus dem 9. Jahrhundert stammen, da es bereits in lateinischer Übersetzung in einer Reichenauer Handschrift (Grimm) nachgewiesen wurde:

»Es kam ein Vogel federlos,
Setzt sich auf'n Baum blattlos.
Da kam die Jungfrau mundlos,
Und fraß den Vogel federlos,
Von dem Baume blattlos.«
(Schnee und Sonne)

In den Wintermonaten, wenn man Zuflucht in den durchwärmten Räumen suchte, sich die Zeit beim Erzählen von Märchen und Sagen vertrieb, waren Rätsel die meist durchgeführten Gesellschaftsspiele. Sie wurden in der Regel auch als Wettspiele bzw. Wettgespräche durchgeführt.

Der Gebrauch von Rätseln hatte bei Weitem nicht nur gesellige, sondern im Mittelalter sogar bitterernste Funktionen. Ein Verbrecher z. B. konnte sich mithilfe eines »Halslösungsrätsels«, das er zu erraten hatte, von der Todesstrafe befreien. Ob die gestellten Rätsel immer zur Ratefreude der Betroffenen ausfielen, darf wohl bezweifelt werden. Wir kennen das Lösen von Rätseln und Aufgaben auch aus alten Volksmärchen, wo es meist darum ging, aus einer bedrohlichen Situation herauszukommen. Jedes Kind kennt die Sorgen und Nöte, die einst die Müllerstochter und spätere Königin hatte, um Rumpelstilzchens Namen zu erraten.

In vergangener Zeit führte das Erraten von Rätseln durch »kluge Mädchen« sogar zur Brautschaft. Wenn derartige Prüfungen in unseren Breitengraden heute auch nicht mehr durchgeführt werden, so haben alte Rätsel und ihre Variationen bis zum heutigen Tage einen hohen Unterhaltungs- und Vergnügungswert bei Jung und Alt.

Wichtig ist, dass für Kinder beim Rätselraten gewisse Erfolgserlebnisse gesichert sind. Auch sollten sie ruhig einmal erfahren, dass man »ratlos« sein kann. Nur so erleben Kinder den Sinn des Rätselbegriffs. Die meisten Rätsel eignen sich bereits für Fünfjährige. Bei ihnen ist die differenzierte Wahrnehmung fortgeschritten. Die alten Rätsel regen auch an, mit den Kindern unzählige neue zu finden, z. B. durch Vergleich oder Umschreibung von Lebewesen oder Gegenständen aus dem kindlichen Lebensbereich.

Der Mensch braucht das Spiel, um seine Existenz zu erleben.

Rätsel und Scherzfragen

Was hat Federn und fliegt nicht, Beine und geht nicht?   *(Das Bett)*

Was springt ohne Füße?   *(Der Springbrunnen)*

Welche Maus kann fliegen?   *(Die Fledermaus)*

Welches Pferd hat keinen Schwanz?   *(Das Steckenpferd)*

Es sieht aus wie eine Katze,
hat Haare wie eine Katze,
maust wie eine Katze –
und ist doch keine Katze.   *(Der Kater)*

Was geht durch Hecken und Zäune und raschelt nicht?   *(Das Licht)*

Welches Glöckchen hört man nicht?   *(Das Maiglöckchen)*

Wann sind die Kinder am bravsten?   *(Wenn sie schlafen)*

Welcher Abend fängt schon am Morgen an?   *(Der Sonnabend)*

Wer ist kugelrund und springt und rollt?   *(Der Ball)*

Welches Kätzchen ist kein Tier?   *(Das Weidenkätzchen)*

Wie kann man Wasser in einem Sieb tragen?   *(Gefroren)*

Er geht durch die Fensterscheiben und zerbricht sie nicht.   *(Der Sonnenschein)*

Wer spricht alle Sprachen, ohne eine einzige gelernt zu haben?   *(Das Echo)*

Welche Fensterläden fallen von selbst zu ohne Geräusch?   *(Die Augenlider)*

Sie ist aus Glas und reitet auf der Nase.   *(Die Brille)*

Welche Hüte passen auf keinen Kopf?   *(Die Fingerhüte)*

Welcher Ring ist nicht rund?   *(Der Hering)*

Wem darf man auf den Kopf schlagen?   *(Dem Nagel)*

Was ist, wenn der Schornsteinfeger in den Schnee fällt?   *(Winter)*

Es hat vier Beine und kann nicht laufen.   *(Der Stuhl)*

Welcher Bauer hat keinen Wagen?   *(Der Vogelbauer)*

Welcher Vogel sagt dir seinen Namen?   *(Der Kuckuck)*

Was brennt Tag und Nacht und verbrennt doch nicht?   *(Die Sonne)*

Was hat der Esel hinter sich, wenn er den Berg hinaufgeht?   *(Seinen Schwanz)*

Sie hat keine Füße und kann doch gehen.   *(Die Uhr)*

Was hat Zähne und beißt nicht?   *(Die Säge/das Zahnrad)*

Wo liegt die Gans am wärmsten?   *(In der Bratröhre)*

Welcher Mann schmilzt in der Sonne?   *(Der Schneemann)*

Mit welchen Gabeln isst man nicht?   *(Mit der Heugabel/der Stimmgabel)*

Wer macht, wenn's kalt wird, Blätter bunt?   *(Der Herbst)*

Welche Feigen schmecken nicht süß?   *(Die Ohrfeigen)*

Welche Uhr hat keine Räder?   *(Die Sonnenuhr)*

Welcher Fink kann nicht fliegen?   *(Der Schmutzfink)*

Welches Pflaster legt man auf keine Wunde?   *(Das Straßenpflaster)*

Welcher Pilz hat gut lachen?   *(Der Glückspilz)*

Welcher Stuhl hat keine Beine?   *(Der Dachstuhl)*

Welche Hose ist nicht aus Stoff?   *(Die Windhose)*

Welcher König kann fliegen?   *(Der Zaunkönig)*

Es gibt eine Ratte, die Bücher verschlingt. Weißt du, wie sie heißt?   *(Die Leseratte)*

Wer sitzt immer auf dem Dach und raucht?   *(Der Schornstein)*

Welches ist das kleinste Haus?   *(Das Schneckenhaus)*

Welchen Garten muss man nicht begießen?   *(Den Kindergarten)*

Er geht über's Feld und bewegt sich nicht.   *(Der Weg)*

Was kannst du nicht in deine rechte Hand nehmen?   *(Deine rechte Hand)*

Es brennt und brennt und brennt nicht ab. Was ist's?   *(Die Brennnessel)*

Welchen Ring kann man nicht am Finger tragen?   *(Den Hering)*

Welche Nadeln taugen nicht zum Nähen?   *(Die Tannennadeln)*

Es ist ein Bild und doch kein Bild.   *(Das Spiegelbild)*

Wer legt Netze aus und ist doch kein Fischer?   *(Die Spinne)*

Welche Meisen können nicht singen?   *(Die Ameisen)*

Welche Hähne können nicht krähen?   *(Die Wasserhähne)*

Mit welchem Zahn kann man nicht beißen?   *(Mit dem Löwenzahn)*

Es hat sieben Häute und beißt alle Leute. Was ist das?   *(Die Zwiebel)*

Was läuft ohne Füße?   *(Die Sonne, die Zeit und die Nase)*

Welches ist das stärkste Getränk?   *(Das Wasser, es treibt die Mühle)*

Was kommt nach dem Vaterunser?   *(Der du bist)*

Welche Peter machen den meisten Lärm?   *(Die Trompeter)*

Welche Zeiten sind die besten?   *(Die Mahlzeiten)*

Welcher Baum dreht sich im Nu?   *(Der Purzelbaum)*

Welches Pferd frisst keinen Hafer?   *(Das Seepferdchen)*

Wie viele Erbsen gehen in einen Topf? *(Gar keine, man muss sie hineinwerfen)*

Welcher Bock meckert nicht? *(Der Sägebock)*

Was hat sechs Beine, läuft aber auf vieren? *(Ein Reiter auf seinem Pferd)*

Was kann man nicht mit Worten ausdrücken? *(Den Schwamm)*

In welchen Schuhen kann man nicht laufen? *(In Handschuhen)*

Es hängt an der Wand und hat den Rücken verbrannt. *(Die Bratpfanne)*

Mal ist es kalt, mal ist es heiß, mal ist es Eis. *(Das Wasser)*

Es ist kein Tier und frisst Papier. *(Der Briefkasten)*

Auf welche Frage kann niemand mit »Ja« antworten? *(Auf die Frage: »Schläfst Du schon?«)*

Ich gehe täglich aus und bleibe doch stets im Haus. *(Die Lampe)*

Sie laufen bis ans Ende der Welt und haben doch keine Füße. *(Die Wolken)*

Was geht übers Wasser und wird nicht nass? *(Die Sonne/der Mond)*

Nur ich kann sagen, was ich bin. *(Die Zunge)*

Wer hat einen Kamm und kämmt sich nicht? *(Der Hahn)*

Welche Kuh gibt keine Milch? *(Die Blindekuh)*

Es kann nicht laufen und nicht sprechen und läuft mir dauernd nach. *(Der Schatten)*

Welches Tier geht alle Tage aus und bleibt doch in seinem Haus? *(Die Schnecke)*

Was geht und geht und kommt nicht weiter? *(Die Uhr)*

Vor wem nehmen der Pastor und der König den Hut ab? *(Vor dem Friseur)*

Geht immer um den Baum herum und kann doch nicht hinein. *(Die Rinde)*

Es gehört mir, und andere gebrauchen es mehr als ich.   *(Der Name)*

Welche Haarfarbe hatten die alten Römer?   *(Grau)*

Reimrätsel

Sitzt einer auf dem Dach und raucht,
der weder Pfeif' noch Tabak braucht.   *(Der Schornstein)*

Möchte wohl wissen, wer das ist,
der immer mit zwei Löffeln frisst.   *(Der Hase)*

Ich gehe alle Tage aus
und bleibe doch in meinem Haus.   *(Die Schnecke)*

Welcher Igel, eins, zwei, drei,
legt ein Mahagoni-Ei?   (Die Kastanie)

Der arme Tropf
hat einen Hut und keinen Kopf,
und hat dazu
nur einen Fuß und keinen Schuh.   *(Der Pilz)*

Oben spitz und unten breit,
durch und durch voll Süßigkeit.   *(Der Zuckerhut)*

Es steht im Acker,
hält sich grün und wacker,
hat viele Häute,
beißt alle Leute.   (Die Zwiebel)

Ohne Kopf und ohne Schwanz,
ohne Knochen bin ich ganz,
nur von Blut und Haut,
in kurzer Zeit gebaut.   (Die Blutwurst)

Wenn man mich sieht, so sieht man mich nicht;
sieht man mich nicht, so sieht man mich.   (Die Dunkelheit)

Welches Tierchen klein,
trägt summend
den süßen Honig heim?   *(Die Biene)*

Sie hat zwei Flügel und kann nicht fliegen,
sie hat einen Rücken, und kann nicht liegen.
Sie kann nicht sehen und hat kein Bein,
doch manchmal läuft sie, was mag das sein?   *(Die Nase)*

Loch an Loch und hält doch.   *(Die Kette)*

Es fällt herab vom Himmel,
sieht weiß aus wie ein Schimmel,
ist wie ein Bettuch weich,
zerfließt zu Wasser gleich,
und macht dann nass, was ist das?   *(Der Schnee)*

Stacheln hat er auf dem Rücken.
Niemand möcht' ihn streicheln oder drücken.   *(Der Igel)*

Wer fliegt und hüpft von Ast zu Ästchen, fängt Mücken und Fliegen
und baut sich ein Nestchen?   (Der Vogel)

Er geht spazieren in den Sümpfen,
in seinen schönen, roten Strümpfen.
Die Fröschlein lobt er sich als Braten,
nun Kinder, wer kann ihn erraten?   (Der Storch)

Welches Tier gibt Fleisch und Würste
und auch Haare zu der Bürste?   (Das Schwein)

Ich kenn etwas, das ist aus Stein,
da gehen die Leute aus und ein.   (Das Haus)

Es sitzen zweiunddreißig Gesellchen
in einem kleinen Ställchen,
sind immer lustig und munter
und ein rotes Möpschen dabei:
So sitzen sie schön in einer Reih'.   (Die Zähne)

Die Sonne glüht,
die Linde blüht,
das Korn wird voll.
Wann ist das wohl?   *(Im Sommer)*

Ihr kennt es alle,
es wohnt im Stalle,
es zieht den Wagen,
kann Reiter tragen.   *(Das Pferd)*

Mich soll's wundern, ob ihr kennt,
den Vogel, der sich selber nennt.　*(Der Kuckuck)*

Er ist ein kleiner Zwerg
und hebt ganz leicht doch einen Berg.　*(Der Maulwurf)*

Ich bin ein kleines Männchen,
hab' einen runden Kopf
und streicht man mir das Köpfchen,
gleich brennt der ganze Schopf.　(Das Streichholz)

Sag mir, ob du Schuhe weißt,
die man nicht am Fuß zerreißt?　*(Die Handschuhe)*

Will sehen, wer das weiß:
Es brennt und ist nicht heiß.　*(Die Brennessel)*

Erst weiß wie Schnee,
dann grün wie Klee,
dann rot wie Blut,
schmeckt allen Kindern gut.　*(Die Kirsche)*

Hat ein Häuschen hart wie Stein,
doch was drin ist, das schmeckt fein.　*(Die Nuss)*

Alles hört es fort und fort
und sagt doch nicht ein einzig Wort.

Rate, wer ist so verschwiegen?
Schlafend wirst du auf ihm liegen.　*(Das Ohr)*

Ich weiß ein kleines Haus,
hat weder Fenster noch Tore,
und will sein kleiner Wirt heraus,
muss er die Wand durchbohren.　*(Das Ei)*

Süß ist's, was ich schaffe,
gefährlich meine Waffe.　(Die Biene)

Es hat keine Füße und kann doch gehn,
wenn man's nicht aufzieht, bleibt es stehn.　*(Die Uhr)*

Weiß wie Kreide, leicht wie Flaum, weich wie Seide, feucht wie Schaum.
(Die Schneeflocke)

Ich kenne einen Hahn,
den fasst ein jeder täglich an,
doch hört' ich nie,
dass er auch krähen kann.   *(Der Wasserhahn)*

Lustig und bunt, spitz und rund,
dreht sich im Kreise, summt auch ganz leise,
hüpft auch mal fort! Nenn' mir das Wort.   (Der Brummkreisel)

Der Schnee wird weich,
es taut der Teich,
lang wird der Tag.
Wann ist das? Sag!   *(Im Frühling)*

Es grünt im Sommer und im Winter,
erfreut zur Weihnachtszeit die Kinder.   *(Der Tannenbaum)*

Er singt kein Lied, er spricht kein Wort
und meldet jeden Gast sofort.   (Der Hund)

Hat hinten zwei Ringe
und vorne zwei Spitzen
und in der Mitte
ein Nägelchen sitzen.   *(Die Schere)*

Im Haus braucht es die Mutter,
sie streicht damit die Butter.   (Das Messer)

Das Feld ist leer
und regenschwer,
die Erde nass.
Sag, wann ist das?   *(Im Herbst)*

In alter Zeit als starker Baum
stand ich an jedem Waldessaum.   *(Die Eiche)*

In einem kleinen Häuschen, da sieht's gar lustig aus.
Es sind darin fünf Stübchen gerad' wie in einem Haus.
In jedem Stübchen wohnen drei braune Kerne klein.
Sie liegen drin und träumen
vom lieben Sonnenschein.

                                           (Der Apfel und die Apfelkerne)

Es ist ein winzig kleines Ding,
nascht gerne süße Sachen,
fliegt schneller als der Schmetterling,
will alles schmutzig machen.   (Die Fliege)

Wer schleicht so leise durch das Haus,
schleckt Milch und fängt sich eine Maus?   *(Die Katze)*

An den Blüten will er naschen,
alle Kinder woll'n ihn haschen.   *(Der Schmetterling)*

Wer schwimmt so gern im Wasser
zur schönen Sommerzeit
und macht sich immer nasser
sein weißes Federkleid?   (Schwan/Ente/Gans)

Es schlüpft wohl einer für und für
durch eine winzig kleine Tür;
dort dreht er seinen starken Bart,
und alles ist dann wohl verwahrt.   *(Der Schlüssel)*

Ich selbst bin blau, doch schau nur, schau:
Wer mich gegessen, dem siehst du es an,
an seinem schwarzen Mund und Zahn.   (Die Blaubeere)

Im Sommer bin ich kalt,
und niemand sieht mich an.
Doch freut sich jeder, der im Winter sich an mir wärmen kann.   *(Der Ofen)*

Es ist weiß wie Schnee
und versinkt im Kaffee.   *(Der Würfelzucker)*

Als müsst ich vieles büßen,
so trittst Du mich mit Füßen.
Und hast mich doch so gern.
Weißt Du, wer ich bin?   (Der Fußball)

Wer rührt und knetet, formt und schiebt,
das, was mit Streuseln d'rauf das Mäulchen liebt?   *(Der Bäcker)*

Unter grünem Blatt verborgen,
häng' ich rot und rund.
Kinder, sucht mich früh am Morgen,
und steckt mich in den Mund.   (Die Erdbeeren)

Im Walde wohnt ein kleiner Mann,
der hat ein graues Fellchen an.
Er nascht gar gern am grünen Kohl,
nun sagt mir schnell: Wer ist das wohl?   *(Der Hase)*

Wer ist so klug, wer ist so schlau,
dem schüttle ich was vom Bäumchen,
's ist innen gelb und außen blau,
hat mitten drin ein Steinchen.   (Die Pflaume)

Er ist schwarz und stolz,
sein Anzug besteht aus Holz.
Wo die Nase er hinsteckt,
dort steht nachher ein Wort.   *(Der Bleistift)*

Am Tage stopft man ihnen das Maul,
nachts stehen sie vorm Bett und gähnen faul.
Weißt Du, wer sie sind?   (Die Schuhe)

Es schwimmt auf dem Wasser,
ist groß und schwer,
es geht nicht unter
und fährt übers Meer.   (Das Schiff)

Es hat kein Auge, keine Hand,
auch nicht Verstand.
Doch malt es, wie kein Künstler kann,
im Augenblicke jedermann.   (Der Spiegel)

Wer nascht und kann kratzen,
frisst Mäuse und Spatzen?   (Die Katze)

Zwei sind's, die beieinander stehen
und alles gut und deutlich sehen,
nur kennet eins das andere nicht,
es sei, man hält den Spiegel vors Gesicht.   *(Die Augen)*

Am Abend macht's die Stube hell,
nun rat' mir dieses Rätsel schnell.   *(Die Lampe)*

Es rüttelt sich und schüttelt sich
und macht ein Häufchen unter sich.   (Das Sieb)

Er ist ein kunterbunter Mann,
der keine Ruhe geben kann.
Er schwingt die Arme auf und nieder,
bewegt die Beine immer wieder,
er hält erst still, bedenke nur,
ziehst du nicht mehr an seiner Schnur.   *(Der Hampelmann)*

Die schönste Blume werd' ich oft genannt,
man findet mich in Stadt und Land.
Wer sich erfreut an meinen Blüten,
der mag sich vor den Dornen hüten.   (Die Rose)

Er prasselt hart auf unser Haus
wie lauter Kieselsteine.
Wer weiß wohl, was ich meine.   *(Der Hagel)*

Es hängt im Strauch,
hat Steinchen im Bauch,
ein rotes Mäntelchen an,
wie heißt das dann?   (Die Hagebutte)

Ich hab vier Flügel, die dreh'n sich im Wind,
ich mahle das Mehl euch, nun ratet geschwind.   *(Die Windmühle)*

An starken Pfählen oder Lauben
rank' ich empor und trage Trauben.   *(Der Weinstock)*

In einem Garten steht ein Mädchen, das trank Tee,
da kam ein Reh,
das schwamm durch den See.
Wie heißt das Mädchen?   (Therese)

Rund und klein, fünf Schwesterlein
im engen Haus.
Sie müssen heraus.
Im Wasser gekocht schmecken sie gut.   *(Die Erbsen)*

Es fliegt und ist kein Vogel,
es brummt und ist kein Bär,
frisst Laub wie eine Ziege,
fliegt nur im Mai umher.   (Der Maikäfer)

Wer tritt im frischen Schnee die Spur?
Wer nagt an Wurzel und Rinde nur,
im Winter, wenn der Hunger plagt?   (Das Reh)

Der ihn wünscht, der kriegt ihn nicht,
der ihn hat, der mag ihn nicht.   (Der Hunger)

Welche Uhr ist gut gemacht,
aber taugt nicht bei der Nacht.   *(Die Sonnenuhr)*

Hat ein rotes Mützchen auf,
weiße Punkte sind darauf.   (Der Fliegenpilz)

Ich kenne einen kleinen Hut,
der ist sehr nett und fein.
Doch auf den Kopf passt er nicht gut,
ihn trägt das Fingerlein.   (Der Fingerhut)

Schwarz vom Scheitel bis zur Sohle,
schwarz bin ich wie Ruß und Kohle.   *(Der Schornsteinfeger)*

Trittst du mich, so sing' ich fromm.
Drehst du mich, mach' ich dideldom.   *(Die Orgel)*

Rate, was im Koffer ist

Material: Koffer, in dem sich beliebige Gegenstände befinden.
Spielbeschreibung: Hier geht's um das Vorstellungsvermögen. Die Kinder sitzen vor dem Koffer. Die Erzieherin nimmt hinter dem aufgeklappten Deckel einen Gegenstand in die Hand und beschreibt ihn nach Form, Farbe und Tastempfinden. Welches Kind findet den Gegenstand heraus?

Teekesselchen

Spielbeschreibung: Für unser klassisches »Teekesselchen-Spiel« verlassen zwei Kinder den Raum und denken sich einen Begriff aus, der in der deutschen Sprache zwei Bedeutungen besitzt. Standardbeispiele dafür sind der Ton (das Material/das Geräusch) und die Birne (Glühlampe/ Obst).
    Die beiden Kinder kommen wieder herein und berichten von ihren Begriffen. Das erste sagt: »Mein Teekesselchen kann man kneten.« Das zweite Kind: »Mein Teekesselchen hat etwas mit Hören zu tun.« Das geht solange, bis ein Mitspieler aus der Gruppe der Ratenden »Ton« ruft. Er darf zusammen mit einem Mitspieler den Raum verlassen und sich ein neues »Teekesselchen« ausdenken. Als Worte zum Teekesselraten für die Jüngeren eignen sich z.B.:

- Bauer (Landwirt/Vogelbauer)
- Schloss (Gebäude/Türschloss)
- Flügel (Vogelflügel/Musikinstrument)
- Gabel (Essbesteck/Heugabel/Stimmgabel)
- Blatt (Baumblatt/Papierblatt)
- Decke (Zimmerdecke/Wolldecke)
- Löffel (Besteckteil/Hasenohr)
- Bank (Sparkasse/Parkbank)
- Feder (Vogelfeder/Schreibfeder)
- Fliege (Insekt/Kleidungsstück)
- Maus (Tier/Computerutensil)

Tomate

Spielbeschreibung: Ein Kind verlässt den Raum. Die anderen denken sich eine Tätigkeit (z. B. Schuheputzen) aus. Wenn das ratende Kind wieder hereinkommt, sprechen die Mitspieler von dieser Tätigkeit nur noch als »Tomate«. Zum Beispiel: »Kann man von dieser Tomate leben?« – »Nein!« – »Kann Onkel Christian Tomate?« – »Bestimmt!« »Zu der Tomate braucht man eine Bürste.« So geht es weiter, bis der Begriff »Schuheputzen« gefunden wird. Gegebenenfalls bietet die Erzieherin etwas Hilfestellung.

Ich denk' mir ein Wort

Spielbeschreibung: Ein Kind sagt: »Ich denk' mir ein Wort, das reimt sich auf Hand.« Die Mitspieler antworten reihum. Wer es errät, z. B. »Wand«, darf sich das nächste Wort ausdenken.

Eigenschaften erraten

Spielbeschreibung: Bei diesem Spiel können die Kinder machen, was sonst nicht ohne Weiteres erlaubt ist. Die Kinder spielen gern: wild, zappelig, böse, frech, verärgert, lustig usw. Sind die dargestellten Eigenschaften schwer zu erraten, können die anderen Mitspieler durch Fragen helfen, wie z. B.: »Sag' (sing) mal einen Satz, so wie du bist.«

Wer kommt in den Koffer?

Spielbeschreibung: Christiane wird vor die Tür geschickt. Alle anderen Mitspieler sitzen im Kreis und einigen sich auf eine zu erratende Person, die jeder kennt. Jetzt wird Christiane hereingerufen, und sie fragt einen nach dem anderen: »Was packst du ein?« Zuerst antworten die Mitspieler etwas allgemeiner, damit Christiane nicht zu schnell dahinterkommt, also z.B. »schwarz-weiße Strümpfe, ein groß kariertes Jackett, schwarze Hochwasserhose, mittellange Haare, Brille, Schnauzbart, Aktentasche usw.« Derjenige, bei dem Christiane die Person errät (es war »Gottlieb Wendehals«), geht als nächster vor die Tür.

Der zu Erratende kann also eine berühmte Person oder einer aus der Spielrunde selbst sein.

Was bin ich?

Spielbeschreibung: Schon bevor diese gleichnamige Fernsehsendung zu Beginn der 50er-Jahre ins Leben gerufen wurde, spielten sich die Kinder Berufe vor, die es zu erraten galt.

Ein Kind denkt sich einen Beruf aus, den es meint, gut darstellen zu können (Schornsteinfeger, Bäcker, Koch, Lehrer, Tennisspieler, Fußballer, Rennfahrer usw.). Die anderen raten.

Scharaden

Das Scharadenspiel gehört zu den ältesten Unterhaltungsformen. Scharaden sind gespielte Silbenrätsel, die von einem einzelnen oder auch mehreren Spielern gemeinsam pantomimisch in »lebenden Bildern« dargestellt werden.
Spielbeschreibung: Einige Kinder tun sich zusammen, um den anderen ein Wort darzustellen, auf das sie sich zuvor geeinigt haben (z.B. Kinder/garten, Blumen/vase, Kauf/laden, Spiegel/ei, Füll/halter). Beim Spiel geht es darum, den Zuschauer nicht »reinzulegen«, sondern möglichst sinngemäß und durchschaubar den zu erratenden Begriff darzustellen. Etwas größere Kinder können sich gegenseitig auch Sprichwörter, Lieder-, Buch- und Filmtitel pantomimisch vorspielen, die es zu erraten gilt.
Beispiele für Sprichwörter und Redensarten:
- Den Letzten beißen die Hunde.
- Wer anderen eine Grube gräbt, fällt selbst hinein.
- Wer zuletzt lacht, lacht am besten.
- Sich ins Fäustchen lachen.
- Wer viel fragt, erhält viele Antworten.

Beispiele für Lieder-, Buch- und Filmtitel:
- Es tanzt ein Bi-Ba-Butzemann
- A B C, die Katze lief im Schnee
- Klingelingeling, jetzt kommt der Eiermann
- Pippi Langstrumpf
- Die Schöne und das Biest.

Ich sehe was

Spielbeschreibung: Bei diesem alten Kinderspiel muss ein einzelner Gegenstand erraten werden. »Ich sehe was, was du nicht siehst und das ist rot!« Auf diese Herausforderung eines Spielpartners sehen sich die anderen im Raum oder im Freien um und versuchen, diesen Gegenstand herauszufinden. Jeder darf die anderen einmal raten lassen.

Sag's mir bis vier

Spielbeschreibung: Die Spielgruppe hält sich im Raum auf. Ein Kind wird ausgewählt, draußen vor die Tür zu gehen. Die anderen bestimmen einen Gegenstand im Zimmer, der spätestens mit dem vierten Versuch erraten sein muss.

Das zurückgerufene Kind fragt:
»Ist es die Lampe?« Antwort: »Nein!«
»Ist es der Schrank?« Antwort: »Nein!«
»Ist es die Vase?« Antwort: »Nein!«
»Ist es der Kalender?«

Wenn das nun richtig ist, scheidet das Kind aus und ein anderes Kind verlässt den Raum. Wurde auch mit der vierten Frage der gesuchte Gegenstand nicht erraten, gibt der Fragende ein Pfand ab.

Bei »Warum ist die Banane krumm?« wird man wieder einmal daran erinnert, dass die Fragen eines Kindes oft schwerer zu beantworten sind als die eines Wissenschaftlers.

4.11 Als Anna abends aß, aß Anna abends Ananas – Sprachspiele, Sauerkrautlatein und Zungenbrecher

Das spielerische Reimen und Gestalten mit Worten war für Kinder schon immer eine Quelle des Vergnügens. Abzählverse, Seilspringreime, Sprachspiele, Zaubersprüche, Singsangweisen, Rätsel und Beschwörungsformeln sind nur einige Ergebnisse unermüdlichen Spiels mit Wort und Sprache. Die Selbstständigkeit kindlicher Spielwelt artikuliert sich auch in frechen, »unanständigen« Abzählreimen, die damals wie heute um so begeisterter gesprochen und gesungen werden, je mehr sich die Kinder der Ablehnung durch die Erwachsenen bewusst sind.

Die Dichtung der Kinder ist voll von spielerischer Poesie. Sie haben »Unsinnslyrik« hervorgebracht, wie wir sie etwa bei den Dadaisten oder Christian Morgenstern finden.

Kindervolkslyrik, d.h. von Kindern selbst geschaffene Reime, Verse und Lieder, entsprach immer den Bedürfnissen der Kinder und zeichnet ihre Vorstellungswelt deutlich ab. Die Wort- und Sprachspiele hatten auch stets eine befreiende Funktion – Karl Bühler (1927) sprach von der Funktionslust – wenn sie z.B. in Form von Spottversen und Parodien die Tabus der Erwachsenen attackierten. Mit einem Vers machte man sich Luft gegen Zwang und Unterdrückung und lehnte sich gegen die zu Erziehungssystemen gewordenen Machtinstrumente der Erwachsenen auf. Autoritätspersonen wie Lehrer, Eltern, Pastoren, Politiker bis zu religiösen Figuren kriegten ihr Fett weg und wurden lächerlich gemacht. Die überlieferten Texte sind häufig von derbem Humor, aber auch von realistischer Fantasie gekennzeichnet.

Bei den Wortspielen und Reimen der Kinder geht es um das Experimentieren mit der Sprache, mit klanglichen Möglichkeiten. Logische Bedenken dürfen dabei wegfallen. In volkstümlichen Kinderreimen ist der Inhalt oft nur von der Wortähnlichkeit oder vom Klangrhythmus bestimmt. Sobald populäre Kinderverse in die Hände der Erwachsenen fielen, wurden sie nicht selten für deren Absichten und Zwecke eingesetzt. So fragte Friedrich Güll (1837) die lieben, Kinderlein »Wer will unter die Soldaten …?«, um sie bereits recht früh für den Kriegsdienst zu begeistern. In Sprachspielen wurden Tierlaute in Worte gefasst, wie eine »Hofunterhaltung über Einquartierung« (Des Knaben Wunderhorn III, 1808) belegt.

»*Die Enten sprechen:* Soldaten kommen! Soldaten kommen!

Der Enterich: Sackerlot! Sackerlot!

Der Haushund spricht: Wo? Wo? Wo? Wo?

Die Katze spricht: Von Bernau, von Bernau.

Der Hahn auf der Mauer: Sind schon da!«

Im Mittelpunkt kindlicher Reimkritik stand natürlich der Lehrer:

Sechs mal sechs ist sechsunddreißig,
und die Kinder sind so fleißig,
und der Lehrer ist so faul
wie ein alter Droschkengaul.

Dann folgte sogleich der Pastor:

Unser Pastor ist ein frommer Mann,
man sieht ihm gleich das Fasten an.

oder:

Pfarrers Kinder, Müllers Vieh
geraten selten oder nie.

Aus Marburg in Oberhessen stammt diese »Kinderpredigt« (1880):

Hier steh' ich auf der Kanzel
Und pred'ge wie 'ne Amsel.
Des Morgens kräht der Hahn,
Dann geht mein' Predigt an;
Des Mittags plärrt das Kalb,
Dann ist die Predigt halb.
Des Abends pfeift die Maus,
Dann ist die Predigt aus.

Etwas deftiger:

Nun danket alle Gott,
die Schule macht Bankrott,
die Fenster aufgerissen,
die Lehrer rausgeschmissen,
die Tafel hintennach,
dann hab'n wir'n schönen Tag.

Wie der König Salomo

Lebe glücklich, lebe froh,
wie der König Salomo,
der auf seinem Stuhle saß
und ein Stückchen Käse aß.
Lebe glücklich, werde alt,
bis die Welt in Stücke knallt.

Sauerkrautlatein

Sprachscherze, bei denen scheinbar lateinische Sätze ins Deutsche übersetzt wurden, nannte man »Sauerkrautlatein«.

So tauchte der Satz »Immo filamentum« (Im Hof fiel lahm' Ent' um.) schon im 16. Jahrhundert bei Johann Fischart auf.

Mit volkstümlichen Kinderspielen hatten diese Sprachscherze weniger zu tun, dafür dienten sie besonders dem Vergnügen der Lateinschüler.

Vielleicht kennen Sie selbst noch den einen oder anderen pseudolateinischen Spruch aus Ihrer Schulzeit. Zur Erinnerung und »Erbauung« deshalb einige Überlieferungen:

Di curante bissifil.	Die Kuh rannte, bis sie fiel.
Erasmus, Alasi.	Er aß Mus. Aal aß sie.
Alasser Siasmus.	Aal aß er. Sie aß Mus.
Terra patsi dicure ibtsi.	Der Rab' bad't sich, die Kuh reibt sich.
Distinguendum.	Dies Ding wend um!
Rekolas, Mausmelas, Kuklefand, Densifraß.	Reh Kohl aß, Maus Mehl aß, Kuh Klee fand, den sie fraß.

Sprach- und Aufführungsspiele

Bei den Spielen mit und um die Sprache spielen die Kinder zu zweit oder mit mehreren. Entweder geht es, wie bei den Zungenbrechern darum, wer den Text am schnellsten fehlerfrei aufsagen kann, oder es bilden sich zwei gegenüberstehende Reihen, von denen eine Reihe auf die andere im Rhythmus des Textes zuschreitet, den Gegenüberstehenden in die Hände klatscht und daraufhin zurückschreitet, dann wieder vorwärts, bis sie von der stehenden Reihe abgelöst werden soll.

Die überlieferten Kinderreime lassen sich aber auch pantomimisch darstellen, indem sie ein Spieler vorträgt, während die anderen hierzu entsprechende Bewegungen und Aktionen ausführen. Natürlich können die Kinder auch allein am Vortragen und Hören der alten Reime ihren Spaß haben und vielleicht zu eigenen »Dichtereien« animiert werden.

Liebe Kinder, kaufet ein!

Liebe Kinder, kaufet ein,
Hier ein Hündchen, hier ein Schwein,
Trommel und Schlägel,
Kugel und Kegel,
Kästchen und Pfeifer,
Kutschen und Läufer,
Husaren und Schweizer,
Um ein paar Kreuzer
Ist alles dein:
Kinder kaufet ein!

Ball der Tiere

Wir geben einen Ball! sagte die Nachtigall.

Was werden wir speisen? fragten die ...   *(Meisen).*

Strudel, kreischte der ...   *(Pudel)!*

Was werden wir trinken? sangen die   *(Finken).*

Bier, brüllte der ...   *(Stier).*

Wein, grunzte das ...   *(Schwein).*

Kümmel, wieherte der ...   *(Schimmel).*

Ach Tee, bat das ...   *(Reh).*

Werden wir tanzen? sangen die ...   *(Wanzen).*

Wer wird uns blasen? fragten die ...   *(Hasen).*

Ein Frosch wird uns flöten! unkten die ...   *(Kröten).*

Wie lange? fragte die ...   *(Schlange).*

Bis zwölf! heulten die ...   *(Wölf).*

Aber wo? fragte der ...   *(Floh).*

Im Jägerhaus! piepste die ...   *(Maus).*

Und damit war die Sitzung ... (aus).

Die Kinder nennen die Reimwörter.

Jacob Zottelbär

Jacob hat kein Brot im Haus,
Jacob macht sich gar nichts draus,
Jacob hin, Jacob her,
Jacob ist ein Zottelbär.

Kleiner Bär

Kleiner Bär,
komm mal her!
Sollst was holen,
drei Zitronen.
Eine für mich,
eine für dich,
eine für Bruder Heinerich.

Das Krokodil

In Hamburg an der Elbe,
da lebt ein Krokodil.
Es wackelt mit dem Schwanze
und weiß nicht, was es will.

Der Bi-Ba-Butzemann

Es tanzt ein Bi-Ba-Butzemann
In unserm Haus herum dideldum,
Er rüttelt sich, er schüttelt sich,
Er wirft sein Säckchen hinter sich,
Es tanzt ein Bi-Ba-Butzemann
In unserm Haus herum.

Die kleine Fliege

Du kleine Fliege,
wenn ich dich kriege,
dann reiß ich dir ein Beinchen aus.
Dann musst du hinken,
auf einem Schinken.
Dann kommst du ins Berliner Krankenhaus,
und wirst dort operiert,
mit Salbe eingeschmiert.
Dann schreist du dreimal au, au, au!

Das A, B, C

A B C, Kopf in die Höh'!
D E F, wart', ich treff!
G H I, das macht Müh'!
J K L, nicht so schnell!
M N O, lauft nicht so!
P Q R, das ist schwer!
S T U, hör' mir zu!
V W X, mach 'nen Knix!
Ypsilon Z, geh zu Bett!

Pitsche patsche Peter

Pitsche patsche Peter
hinterm Ofen steht er,
flickt die Strümpf' und schmiert die Schuh',
kommt die alte Katz dazu,
frisst die Schuegraf und frisst die Schuh',
frisst den Peter noch dazu.
Frisst die Schuh' und frisst die Schmeer,
frisst mir alle Teller leer.

Max und Moritz

Max und Moritz steh'n vor dem Laden,
woll'n für zwei Pfennig Sirup haben.
Für zwei Pfennig Sirup gibt es nicht,
Max und Moritz prügeln sich.

Spannenlanger Hansel

Spannenlanger Hansel, nudeldicke Dirn,
Geh'n wir in'n Garten, schütteln wir die Birn'.
Schüttel ich die großen, schüttelst du die klein'.
Wenn das Säckchen voll ist, gehn wir wieder heim.

Frau Hagen

Frau von Hagen,
darf ich wagen, Sie zu fragen
wieviel Kragen Sie getragen,
als Sie lagen
krank am Magen
in der Hauptstadt Kopenhagen?

Karoline grün und blau

Karoline Rumpelbein
geht die ganze Nacht nicht heim,
streift nur auf der Straße rum,
spielt sie mit dem Schusterjung'.
Was wird wohl die Mutter sagen,
wenn sie Karoline sieht?
Sie wird ihr den Buckel schlagen,
bis sie grün und blau aussieht.

Peter und Paul

Ich bin Peter,
du bist Paul.
Ich bin fleißig,
du bist faul.

Durch die Schuljahre

Erste Klasse: Tafelkratzer.
Zweite Klasse: Tintenpatzer.
Dritte Klasse: Alte Bären.
Vierte Klasse: Weizenähren.
Fünfte Klasse: Engel.
Sechste Klasse: Bengel.
Siebte Klasse: Luftballon.
Achte Klasse: Flieg davon.

Die kleine Hexe

Morgens früh um sechs, kommt die kleine Hex'.
Morgens früh um sieben, schält sie gelbe Rüben.
Morgens früh um acht, wird der Kaffee gemacht.
Morgens früh um neun, geht sie in die Scheun'.
Morgens früh um zehn, holt sie Holz und Spän'.
Morgens früh um elf, macht sie Feuer an,
kocht bis zwölf Uhr dann,
Kartoffeln und Fisch,
hurtig Kinder, kommt zu Tisch.

Petersilie Suppenkraut

Petersilie Suppenkraut
wächst in unserm Garten.
Uns're Anna* ist die Braut,
soll nicht lange warten.
Roter Wein und weißer Wein,
morgen soll die Hochzeit sein.

* Der jeweilige Name des Mädchens wird eingesetzt.

Ri Ra Rutsch

Ri Ra Rutsch,
wir fahren mit der Kutsch',
die Kutsch, die hat ein Loch,
wir fahren aber doch,
wir fahren mit der Schneckenpost,
wo es keinen Pfennig kost'.
Ri Ra Rutsch,
wir fahren mit der Kutsch'.

Haus und Nase

Mein Vater kaufte sich ein Haus.
An dem Haus war ein Garten.
In dem Garten war ein Baum.
Auf dem Baum war ein Nest.
In dem Nest war ein Ei.
In dem Ei war ein Dotter.
In dem Dotter war ein Hase,
der beißt dich in die Nase.

Komische Sachen

Vögel, die nicht singen,
Glocken, die nicht klingen,
Pferde, die nicht springen,
Pistolen, die nicht krachen,
Kinder, die nicht lachen,
Was sind das für Sachen?

Die Wochentage

Guten Tag, Frau Montag,
wie geht's der Frau Dienstag?
Ganz gut, Frau Mittwoch.
Bitte sagen Sie der Frau Donnerstag,
ich käme mit der Frau Freitag
am nächsten Samstag
zum Kuchenessen zu der Frau Sonntag.

Gehorsamer Diener

Gehorsamer Diener!
Was machen Ihre Hühner?
Legen sie brav Eier?
Hat die Magd auch Freier?
Was macht denn Ihr Hund?
Ist die Katze noch gesund?
Was macht der Herr Sohn?
Ist er auf und davon?
Sagt, ich lass ihn grüßen,
vom Kopf bis zu den Füßen,
von den Füßen bis zum Bauch,
eine gute Nacht wünsch' ich auch.

Herr Meier

Herr Meier kam geritten
auf einem Ziegenbock.
Da glaubten die Banditen,
es sei der liebe Gott.
Sie füllten die Kanonen
mit Eierspeis und Dreck
und schossen dem Herrn Meier
die Unterhose weg!

Dass die Kinder schon sehr früh Konsum- und Markenartikel in ihre Verse aufnahmen, belegt ein Spielspruch aus den 20er-Jahren:

Beim Kaufmann

Marmelade, Schokolade,
kaufen Sie bei mir.
Groben Zucker, feinen Zucker,
alles gibt es hier.
Grüne Seife, gelbe Seife,
Ata und Persil, –
kommen Sie und kaufen Sie,
es kostet gar nicht viel.

Montag fängt die Woche an

Montag fängt die Woche an,
Dienstag sind wir übel dran,
Mittwoch sind wir mitten drin,
Donnerstag gibt's Kümmerling.
Freitag gibt's gebrat'nen Fisch,
Samstag tanzen wir um den Tisch.
Sonntag gibt es Schweinebrätle
und dazu ein gut's Salätle.

Die ständige Bereitschaft und die Anpassungsfähigkeit kindlicher Reime und Lieder wird am Beispiel der »Lili Marleen« – des wohl bekanntesten Schlagers im 2. Weltkrieg – deutlich. Er wurde von Lübecker Kindern in Schul- und Hinterhöfen gesungen und gespielt:

Unter der Laterne,
vor dem großen Tor,
stand die kleine Leni,
gepudert wie noch nie,
und wartet auf den Abschiedskuss,
den sie von Jochen (…N.N.) haben muss,
für eine Mark und zehn,
für eine Mark und zehn.

Zungenbrecher

Schnellsprechspiele sind »Zungenspiele«, bei denen ohne Stocken und Versprechen verwegene Sätze schnell aufgesagt werden. Einige dieser Sprachspiele sind schon sehr alt. Dieser stammt z. B. aus einem Fastnachtsspiel des 15. Jahrhunderts:

»Wenn wir weren, wo wir wollten, wer weiß wo wir weren.«

Beim Spiel mit den »Zungenbrechern« wird der schwierige Satz zunächst einmal langsam aufgesagt. Danach versuchen die Kinder, die Sätze mehrmals hintereinander zügig zu sprechen. Wer schafft es, ohne sich zu verhaspeln?

Hinter Hermann Hannes' Haus,
hängen hundert Hemden raus.
Hundert Hemden hängen raus
hinter Hermann Hannes' Haus.

Hinter Hansens Hirtenhäuschen hackte Hans Holz.
Hätte Hansens hübsches Hannchen Hansen Holz hacken hören,
hätte Hansens hübsches Hannchen Holz hacken helfen.

In Ulm, um Ulm
und um Ulm herum.

Ob er aber über Oberammergau,
oder ob er aber über Unterammergau,
oder ob er überhaupt nicht kommt,
das ist nicht gewiss.

Früh in der Frische
fischen Fischer frische Fische in der Fischach.

Im Korbe krabbeln große Krebse.

Bürsten mit schwarzen Borsten bürsten besser
als Bürsten mit weißen Borsten.

Der Cottbuser Postkutscher
putzt den Cottbuser Postkutschkarren.

Metzger, wetz dein Metzgermesser!
Dein Metzgermesser wetz, Metzger!

Wir Wiener Waschweiber wollen weiße Wäsche waschen,
wenn wir wüssten, wo weiches warmes Wiesenwasser wäre.

Tag, Frau Hagen, darf ich wagen,
Sie zu fragen,
wie viel Kragen Sie getragen,
als Sie lagen – krank am Magen –
in der Hauptstadt Kopenhagen?

Zwischen zwei Zwetschgenbaumzweigen zwitschern zwei geschwätzige Schwalben.

Ein krummer Krebs kroch über eine krumme Schraube,
über eine krumme Schraube kroch ein krummer Krebs.

Der Whiskymixer mixt Whisky in seinem Whiskymixer. (3 × wiederholen)

Der Sperber fragt:
Was machst du, Wachtel? Was fragst du, Sperber? sagt die Wachtel.

Bierbrauer Bauer braut braunes Bier.

Meister Müller, mahl' mir meinen Metzen Mehl;
morgen muss ich meiner Mutter
mehliges Milchmus machen.

Schneiderschere schneidet scharf,
scharf schneidet Schneiderschere.

Die Katze tritt die Treppe krumm,
die Katze tritt die Treppe krumm.

Kleine Kinder können keinen Kaffee kochen.

Iss frisch Schweineschmalz.

Sechsundsechzig Schock sächsische sechseckige Schuhzwecken.

Rolf Robert rollt rasch runde Rollen. Runde Rollen rollt Rolf Robert.

Der Schiffer sitzt auf seinem Schiff und schneidet Schinken.

Wenn mancher Mann wüsste, wer mancher Mann wär',
gäb' mancher Mann manchem Mann manchmal mehr Ehr.

Da aber mancher Mann nicht weiß, wer mancher Mann ist,
da mancher Mann manchen manchmal vergisst.

Fischers Fritz fischt frische Fische,
frische Fische fischt Fischers Fritz.

Esel essen Nesseln nicht,
Nesseln essen Esel nicht.

Wenn ich weiß, was du weißt,
und du weißt, was ich weiß,
dann weiß ich, was du weißt,
und du weißt, was ich weiß.

Zwischen zwei Zweigen
zwitschern zwei Zeiserln.

Als Anna abends aß, aß Anna abends Ananas.

Der Leutnant von Leuthen
befahl seinen Leuten
nicht eher zu läuten
bevor der Leutnant von Leuthen
seinen Leuten zu läuten befahl.

Kaisers Köchin kann keinen Kalbskopf kochen.

Keinen Kalbskopf kann Kaisers Köchin kochen.

Es wollt ein Kätzchen Knollen kau'n,
es kaut' ein Kätzchen Knollen.

Frau Immer sagt immer, 's geht nimmer schlimmer
mit ihrem Herrn Immer im Zimmer.

Dies ist ein Scheit.
Dies ist ein Schleißenscheit.
Dies ist ein wohlgeschlissenes Schleißenscheit.
Das schickt die Frau aus Meißen
und lässt sagen frei,
dass sie die allergeschickteste
Schli-Schla-Scheitschleißerin sei,
und ihr Mann, der Fritze
hinter der Scheune sitze
und fleißig Schli-Schla-Schleißenscheite schnitze.

Ein Hahn, zwei Hühner, drei Gänse, vier Schweine, fünf Kühe,
sechs milchweiße Mäuselein, sieben wickelige, wackelige Waschweiber,
acht pickelige, packeiige Paukenschläger, neun regelrecht,
 rechtmäßig gebratene Rattenschwänze, zehn konstantinopolitanische
Schnupftabaksdosenmachergesellenherbergsväter.

Es war einmal ein Mann,
der hatte drei Söhne.
Der eine hieß Schack,
der andere hieß Schackschawwerack,
der dritte hieß Schackschawwerackschackommini.
Nun war da auch eine Frau,
die hatte drei Töchter.
Die erste hieß Sipp,
die andere hieß Sippsiwwelipp,
die dritte hieß Sippsiwwelippsippelimmini.
Und Schack nahm die Sipp.
Und Schackschawwerack nahm Sippsiwwelipp,
und Schackschawwerackschackommini
nahm Sippsiwwelippsippelimmini zur Frau.
Gretchen, widiwetchen,
widiwumpakastetchen,
widiwumpakastutz,
das Gretchen ist nix nutz!

4.12 Allerlei kleine Aufgaben – Pfänder einlösen

Bei vielen klassischen Kinderspielen geben die Verlierer ein Pfand ab. Dieser Spielgedanke war, ohne dass sich die Kinder dessen immer bewusst waren, pädagogisch recht
zweckmäßig und sinnvoll. Ein Pfand abzugeben, das später wieder eingelöst wird,
erleben die Kinder wesentlich angenehmer, als schon zu Beginn eines Spieles auszu-
scheiden und dann nicht mehr mitspielen zu können.

Die Spielleitung bzw. der Erwachsene achtet darauf, dass keine Aufgaben gestellt
werden, die für den Pfandeinlöser zu schwierig sind oder ihn gar blamieren. Wenn
Kinder untereinander spielen, machen sie mehrere Spielvorschläge zum Pfandeinlö-

sen. Umsetzbare Vorschläge können auf Zettel geschrieben und in einen Behälter geworfen werden. Später zieht dann jeder Pfandgeber einen Zettel. Für Kinder, die noch nicht lesen können, liest die Spielleitung die Aufgabe vor. Das Einlösen der Pfänder bereitet Kindern immer wieder Spaß und ist nicht selten einer der Höhepunkte am Schluss einer Spielfolge.

Einige Vorschläge:

1. Mit einem Buch auf dem Kopf durch den Raum gehen, sich dann auf den Boden in die Hocke setzen, ohne dass es herunterfällt.
2. Unter einem Stuhl zweimal hindurchkriechen.
3. Ein Lied singen (pfeifen, summen, klatschen).
4. Bellen wie ein Hund (miauen wie eine Katze, krähen wie ein Hahn).
5. Auf einem Bein stehen, während ein Mitspieler bis 20 zählt.
6. Einen Keks essen und dazu pfeifen.
7. Einen Purzelbaum machen.
8. Schnell fünf Tiere mit Fell nennen.
9. Einem Mitspieler 15 (20 oder 30) Sekunden in die Augen sehen, ohne zu lachen.
10. Auf einem Bein um eine abgesteckte Strecke hüpfen.
11. Zweimal vom Boden aufstehen, ohne dabei die Hände zu benutzen.
12. Mit einem ernsten Gesicht eine Minute »la, la, la« singen.
13. Eine Jacke (Strickjacke) verkehrt, also mit dem Rücken nach vorne, anziehen.
14. Je nach Alter rückwärts zählen (z.B. von 10 bis 1).
15. Schnell 8 Tiere nennen, die auf dem Wasser, unter bzw. im Wasser und in der Erde leben.
16. Ein Rätsel lösen, das ein anderes Kind (oder die Spielleitung) aufgibt.
17. Dreimal den Zungenbrecher ohne Fehler nachsagen: »Die Katze tritt die Treppe krumm.«
18. Zwei Bewegungen gleichzeitig ausführen.

Literatur

Aick, G.: Die Befreiung des Kindes. Kleine Kulturgeschichte des Spiels und des Kinderspielplatzes. Hamburg 1963

Ariès, Ph.: Geschichte der Kindheit. München 1978

Arnold, K.: Kind und Gesellschaft in Mittelalter und Renaissance. München 1980

Bartholomä, H.: Einzelbeobachtungen der körperlichen und geistigen Entwicklung von Kindern zwischen 1780 und 1880. Heidelberg 1970

Basedow, J. B.: Elementarwerk (1774). Hrsg. Th. Fritzsch. 3 Bände. Leipzig 1909

Bauer, M.: Allotria. Ein Buch der Gesellschaftskünste. Berlin 1901

Beer, J.: Das Narrenschiff. 1681. Hamburg 1957

Benjamin, W.: Über Kinder, Jugend und Erziehung. Frankfurt a. M. 1969

Biermann, R.: Die pädagogische Begründung der Belohnungen und Strafen in der Erziehung bei Basedow, Campe und Salzmann. Bochum 1970

Bodelschwingh v., F.: Aus einer heilen Kindheit. Bethel 1953

Boesch, H.: Kinderleben in der deutschen Vergangenheit. Leipzig 1900

Böhme, F. M.: Deutsches Kinderlied und Kinderspiel. Leipzig 1897

Boon, A.: Aspekte des Kinderspiels. Göttingen 1952

Bräker, U. in: Bräkers Werke (1789). Berlin und Weimar 1964

Brandt, P./Thiesen, P.: Umwelt spielend entdecken. Ein Arbeitsbuch für Kindergarten, Hort und Grundschule. Weinheim und Basel 1991, 1994 und 1999

Busch, W.: Das große Wilhelm Busch Album. München o. J.

Buytendijk, F. J. J.: Wesen und Sinn des Spiels. Berlin 1933

Caillois, R.: Die Spiele und die Menschen. Stuttgart 1960

Comenius, J. A.: Informatorium der Mutterschul (1633). Langensalza 1898

Comenius, J. A.: Mutterschule. Paderborn [4]1910

Diers, H.: Riemels – Radels – Rummelpott. Plattdeutsche Kinderreime. Göttingen 1968

Dolch, J.: Lehrplan des Abendlandes. Zweieinhalb Jahrtausende seiner Geschichte. Ratingen 1959

Fischart, J.: Geschichtklitterung v. Gargantua 1590; Neudruck Halle 1885

Fraser, A.: Spielzeug. Oldenburg/Hamburg 1966

Fritzsch, K.E./Bachmann, M.: Deutsches Spielzeug. Leipzig 1965

Fröbel, F.: Mutter und Koselieder (1844). Leipzig 1904

Fröbels Theorie des Spiels. Langensalza 1937

Gelis, J. u. a.: Der Weg ins Leben. Geburt und Kindheit in früher Zeit. München 1980

Goethe, J.W. v.: Jubiläumsausgabe in 40 Bänden. Stuttgart u. Berlin o.J.

Grasberger, L.: Erziehung und Unterricht im klassischen Altertum (Teil 1). Würzburg 1864

Goldschmit-Jentner: Die Jugend großer Deutscher. Wiesbaden 1958

Gröber, K.: Kinderspielzeug aus alter Zeit. Berlin [1]1928

Groos, K.: Die Spiele der Menschen. Jena 1899

Guths Muths, J. Ch. F.: Die botanische Blindekuh. In: Spiel-Almanach für die Jugend auf das Jahr 1803. Frankfurt a. M. [8]1893

Güll, F./Pocci, F. v.: Kinderheimat in Liedern und Bildern. Frankfurt a. M. 1975

Hagemann, C.: Spiele der Völker. Berlin 1921

Hampe, Th.: Der Zinnsoldat, ein deutsches Spielzeug. Berlin 1924

Heimeran, E.: Watteblasen und Pfänderspiele. Aus: Spielbuch für Erwachsene. München 1935

Hetzer, H.: Das volkstümliche Kinderspiel. Berlin 1927

Huizinga, J.: Homo ludens. Hamburg 1956

Krempien, C./Thiesen, P. (Hrsg.): 50 Bildnerische Techniken. Ein Arbeitsbuch für Kindergarten, Hort und Grundschule. Weinheim und Basel ⁴2004

Kutschera, V.: Spielzeug, Spiegelbild der Kulturgeschichte. Salzburg 1975

Lazarus, M.: Die Reize des Spiels. Berlin 1927

Lehnhoff, W.: Westfälisches Spielbuch. Dortmund 1922

Lorbe, R.: Das Kinderlied in Nürnberg. Nürberg 1956

Mendner, S.: Das Ballspiel im Leben der Völker. Münster 1956

Miller, A.: Am Anfang war Erziehung. Frankfurt a. M. 1980

Möller, A. E.: Das Kinderspiel in Hessen. Gießen 1935

Montessori, M.: Selbständige Erziehung im frühen Kindesalter. Stuttgart 1928

Montessori, M.: Kinder sind anders. Stuttgart 1952

Moor, P.: Bedeutung des Spiels in der Erziehung. Bern 1962

Netsch, U.: Spielbuch für Mädchen im Alter von 6–16 Jahren. Hannover/Berlin ³1906

Pappenheim, G.: Kindergarten und Krieg. In: Kindergarten 1915

Paulsen, F.: Aus meinem Leben. Jena 1909

Peesch, R.: Das Berliner Kinderspiel in der Gegenwart. Berlin 1957

Raabe, W.: Der Hungerpastor (1864). Berlin o. J.

Retter, H.: Spielzeug. Handbuch zur Geschichte und Pädagogik der Spielmittel. Weinheim und Basel 1979

Rocholz, E. L.: Alemannisches Kinderlied und Kinderspiel. Leipzig 1857 Scherer, G.: Deutsches Kinderbuch. Leipzig 1905

Schuster, H. M.: Das Spiel, seine Entwicklung und Bedeutung im deutschen Recht. Wien 1878

Thiesen, P.: Arbeitsbuch Spiel. Für die Praxis in Kindergarten, Hort, Heim und Kindergruppe. München/Köln ⁶2009

Thiesen, P.: Das Montagsbuch. Ein Arbeitsbuch zur Überwindung des »Montagssyndroms« in Kindergarten, Hort und Grundschule. Weinheim ²1993, 1994 und 2000

Thiesen, P.: Die gezielte Beschäftigung im Kindergarten. Freiburg ¹⁴2010

Thiesen, P.: Drauflosspieltheater. Ein Spiel- und Ideenbuch. Weinheim und Basel ⁵2009

Thiesen, P.: Schlapplachtheater. Weinheim und Basel ⁶2010

Thiesen, P.: Komm, lass uns draußen spielen. Berlin 2010

Thiesen, P.: Spielend durch das Jahr in Kindergarten und Hort. Berlin 2010

Thiesen, P.: Himmel, Hölle & Co. Die schönsten Hof-Platz-Straßen-Garten-Wiesen-Spiele für Kindergarten, Schule und Familie. Weinheim und Basel 1999

Thiesen, P.: Konzentrationsspiele für Kindergarten und Hort. Lebendige Förderung ohne Dressur und Streß. Freiburg ³1999

Thiesen, P.: Kreatives Spiel mit Kindern, Jugendlichen und Erwachsenen. München/Köln ⁶2004

Thiesen, P.: Schönwetterspiele im Kindergarten. Freiburg ²1990

Thiesen, P.: Schnupfnasen und Dauerlutscher. 240 originelle Spiele für jeden Tag im Kindergartenjahr. Weinheim und Basel 1999

Treichel, A.: Volkslieder und Volksreime aus Westpreußen. Danzig 1895

Tyciak, D.: Das Spiel des Kindes in der Großstadt. Köln 1929

Wagner, H.: Illustriertes Spielbuch für Knaben. Leipzig ²¹1906

Wilkens, L. v..: Das Puppenhaus. Vom Spiegelbild des bürgerlichen Hausstandes zum Spielzeug für Kinder. München 1978

Wolgast, H.: Schöne alte Kinderreime. Für Mütter und Kinder. München 1925

Zinkerle, L. V.: Das deutsche Kinderspiel im Mittelalter. Innsbruck 1873

Zulliger, H.: Heilende Kräfte im kindlichen Spiel. Frankfurt a. M. 1971

Abbildungsnachweis

Busch, Wilhelm, Gesamtwerk in 6 Bänden, 1982 41
Krempien, Christiane, Lübeck 40, 74
Leetz, Ruth, Lübeck 24, 40
Olbers, Marianne, Lübeck 21
Thiesen, Peter, Lübeck 16, 17, 19, 28, 29, 30, 31, 32, 34, 42, 43, 70, 71, 77, 98, 114